Willkommen in Belize!

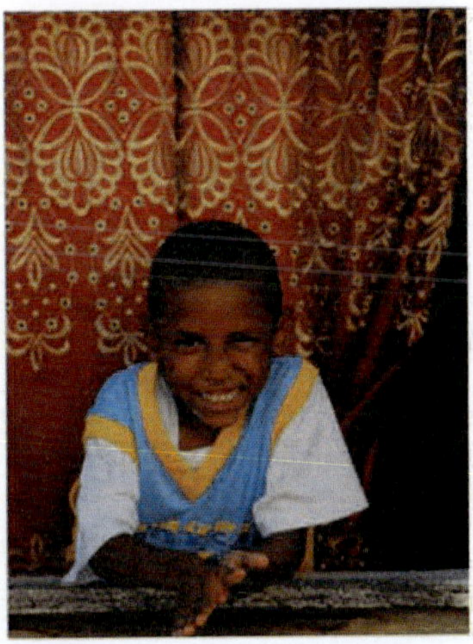

Schädel in ATM

Glasflügler

Caana – Caracol

St. Herman's Cave

Inhaltsverzeichnis

Kartenverzeichnis

Einführende Gedanken zum Buch

Seit Jahren hat niemand einen Reiseführer über Belize in Deutsch veröffentlicht. Die letzte mir bekannte Ausgabe datiert aus dem Jahre 1995 (Apa Guide), ist nur schwer erhältlich und mittlerweile völlig überaltert.

Ich bin 2004 nach Belize ausgewandert und habe das Land ausführlich genug allein und auch mit unzähligen Besuchern bereist, um mich der Aufgabe gewachsen zu fühlen, dem deutschsprachigen Leser einen ansprechenden Einblick in dieses wunderschöne Fleckchen Erde zu vermitteln.

Dieser Einblick erhebt keinerlei Anspruch auf Vollständigkeit. Zu schnell entwickelt sich das Land. Gerade in den Touristen-„Hochburgen“ Ambergris Caye, Caye Caulker, Hopkins und Placencia, in denen täglich neue Herbergen und Restaurants eröffnet werden beziehungsweise Namen und/oder Besitzer wechseln, ist es sehr schwer, den Überblick zu behalten. Der Leser möge deshalb dieses Buch als eine Übersicht, einen Leitfaden und einen Reisebegleiter betrachten, der ihm beim Erkunden Belizes zur Seite steht. Nennen wir es Reisebuch anstatt Reiseführer. (Der unangefochtene „Guru“ in diesem Segment ist sicherlich der **Lonely Planet**.)

Mit der Kombination Barriereriff, Dschungel und Maya ist Belize ein einzigartiger Platz für Wassersportler, Naturliebhaber, Abenteurer und historisch interessierte Touristen.

Bis heute gilt Belize als Geheimtipp und ist somit weit entfernt vom Massentourismus, der in vielen Teilen der Welt Einzug gehalten hat.

Nahezu 85% der Touristen von Belize kommen aus den USA, 2 Stunden Flugzeit von Miami oder Houston nähren den Vergleich zu Reisenden zwischen Deutschland und Mallorca. Dazu kommen ein paar Prozent Kanadier, einige Engländer (Belize war deren Kolonie) und „Sonstige“.

Im Jahre 2016 haben laut belizianischer Statistik 5684 Deutsche das Land betreten. Diese Zahl beinhaltet die Kreuzfahrer der Aida genauso wie Durchreisende und konsequente Taucher mit dem Ziel Blue Hole. Da bleiben nur wenige Besucher für die spektakulären Attraktionen im Inland.

Verständlich. Dem europäischen Besucher bietet Belize einige Hürden. Er muss erst einmal auf dieses (noch) Paradies aufmerksam werden, mangels deutscher Literatur die vorbereitenden Informationen in einer Fremdsprache sammeln, dann den umständlichen Weg der Anreise auf sich nehmen und letztendlich willens sein, sich gegebenenfalls auch individuell durchzuschlagen.

Sicherlich liegen darin die Gründe, die Belize zu einem exotischen Reiseziel machen und letztendlich eine eigene Art von Individualtouristen anzieht.

Vielleicht gehören auch Sie schon bald dazu?

Anmerkungen zu den Unterkünften

Der Tourismus in Belize hat noch viel Potential und so entstehen jährlich neue Hotels, Restaurants und Tourangebote auf verschiedensten Levels.

Trotzdem habe ich mich bemüht für jedes Gebiet, den verschiedenen individuellen Ansprüchen entsprechend, Unterkünfte aufzuzeigen. Der Rucksacktourist kommt genauso auf seine Kosten wie die Familie mit Kindern oder die breite Masse, die sich im Luxusambiente auf einsamen Inseln von privaten Dienern die Seeluft um die Ohren wedeln lassen möchte.

Die Unterkünfte in diesem Buch wurden entsprechend Ihrer Preislage in vier Preisklassen unterteilt.

„Untere Preisklasse“ umfassen Doppelzimmer / Nacht mit einem Preis bis zu 60 US$ pro Nacht, die Preise für „Mittlere Preisklasse“ liegen zwischen US$ 60 und 125. Zwischen US$ 125 und US$ 200 wird als „Gehoben“ eingestuft und alle Zimmer mit Preisen darüber fallen unter die Kategorie „Obere Preisklasse“. Im Ballungszentrum des Landes, Belize City, befindet sich die entsprechende Einteilung am Beginn der jeweiligen Übersicht.

Die Unterkünfte im Rest des Landes sind entsprechend der Reiseroute sortiert. Hier markieren Sterne (*, $$, $$$, $$$$) die jeweilige Preisklasse.

Belize – ein geschichtlicher Überblick

Bis heute ist Belize in Deutschland weitestgehend unbekannt. Wer in seinem Bekanntenkreis das nächste Urlaubsziel mit Belize benennt, stößt meist auf fragende Blicke. Jene, die hinzufügen: „Das ehemalige Britisch-Honduras“ haben schon wesentlich mehr Erfolg. Der Fortgang der Geschichte in diesem Teil der Welt bleibt bis heute international halt weitestgehend unbemerkt.

Geschichtstabelle

400 v. Chr. - 1000 n. Chr. Maya-Kultur.

ca. 1638 Erste britische Besiedlung; im 18. und 19. Jh. zur Ausbeutung der reichen Mahagoni-Bestände intensiviert.

17. u. 18. Jahrhundert Kämpfe mit Spaniern aus Yucatan.

1763, 1783, 1786 Anerkennung britischer Konzessionsrechte (d.h. vor allem Holzeinschlag) durch Spanien.

1765 Autonome Selbstverwaltung durch „Public Meeting".

1798 Seeschlacht von St. George's Caye: Letzter spanischer Angriff zurückgeschlagen.

1825 Jetzige Gebietsausdehnung erreicht.

1859 Grenzvertrag mit Guatemala.

1872 Britisch-Honduras wird Kronkolonie.

1893 Grenzvertrag mit Mexiko.

1930-1950 Im Gefolge der Weltwirtschaftskrise Bildung einer Gewerkschaftsbewegung (General Workers Union, GWU,

1943), aus der die politische Partei People's United Party (PUP, 1950) hervorgeht.

1940 Guatemala erklärt Vertrag von 1859 für nichtig und beansprucht die Kolonie.

1945 Guatemalas Verfassung bezeichnet Britisch-Honduras als 23. Department; noch heute wird im Schulunterricht Belize als Bezirk von Guatemala verkauft.

1952 George Price wird Führer der PUP.

1954 Beschränkte Selbstregierung und allgemeines Wahlrecht.

1958 Einwanderung der Mennoniten.

1964 Volle innere Selbstregierung.

1961 Hurrikan Hattie verwüstet das Land; Beginn mit dem Bau der neuen Hauptstadt Belmopan.

1973 Landesname „Belize".

1981 (21.09.) Unabhängigkeit Belizes.

1991 Belize wird von Guatemala diplomatisch anerkannt. Vertragliche Beilegung des Grenzstreits mit Guatemala steht aber weiterhin aus und soll vom internationalen Gerichtshof in Den Haag endgültig besiegelt werden.

2001 Beitritt zum zentralamerikanischen Integrationsverbund SICA.

2005 Im Westen Belizes wird Öl gefunden.

2006 Die Caricom – ein Staatenverbund ähnlich der EU – führt zollfreien Handel ein und beginnt Gespräche über eine einheitliche Währung.

2010 Guatemala beschließt einseitig den Gang nach Den Haag, um die Gebietsansprüche gegenüber Belize vor dem internationalen Gerichtshof zu verhandeln.

2012 (21.12.) Der Maya-Kalender ist zu Ende; die Welt ist nicht untergegangen.

2015 Zum ersten Mal in der Geschichte von Belize wird mit Dean Barrow ein Staatsoberhaupt zum 3. Mal hintereinander gewählt.

2016 Belize und Guatemala vereinbaren nunmehr den Grenzkonflikt mit Hilfe des Internationalen Gerichtshofes in Den Haag beizulegen. Dazu soll in beiden Laendern ein Referendum durchgefuehrt werden.

2018 In Guatemala ergab das Referendum ein „Ja", die Wahlbeteiligung lag allerdings nur bei 16%. In Belize wird am 10. April 2019 abgestimmt.

Geschichtlicher Abriss

Als Christoph Kolumbus 1502 entlang der zentralamerikanischen Küste segelte, war der Höhepunkt der dort lebenden Ureinwohner – der Maya – bereits überschritten. Diese hatten von ca. 400 bis ca. 1000 nach Christus eine beeindruckende Zivilisation herausgebildet.

Hervorragende Erkenntnisse in Astrologie und Mathematik brachten beispielsweise einen Kalender hervor, der in seiner Genauigkeit dem Kalendarium der „alten Welt" weit überlegen war. Architekten entwickelten ausgeklügelte Bewässerungssysteme und monumentale Bauwerke, die von geschickten Ingenieuren realisiert wurden.

Beeindruckende Ruinenstädte, die in den letzten 150 Jahren in mühevollem Kampf von Archäologen dem Dschungel wieder abgerungen wurden, zeugen noch heute von dieser hoch entwickelten Kultur.

Christoph Kolumbus nannte die Bucht, die an den südlichen Teil des belizianischen Barrierериffs grenzt, Bucht von Honduras (im Englischen Bay of Honduras).

Die ersten Siedler in Belize waren englische Puritaner. Sie installierten Handelsstationen entlang der belizianischen Küste. Verschiedene Gruppen schiffbrüchiger Seeleute, Freibeuter und Piraten gründeten feste Basen, von denen aus sie spanische Galeonen überfielen, die Gold und Silber aus Mittelamerika nach Europa transportierten. Dies geschah nur kurz bevor Holzeinschlag zum wichtigsten Geschäft in Belize wurde.

Die rauen Gesellen der damaligen Zeit nannten sich selbst Baymen nach der Bay of Honduras. Spanien unternahm immer wieder Versuche, die britischen Freibeuter von dem eigentlich spanischen Territorium zu vertreiben. Schließlich aber einigte man sich 1763 und 1786 in Verträgen darauf, dass den Briten erlaubt wurde, weiter Holz einzuschlagen, wenn sie im Gegengeschäft dafür sorgten, die spanischen Galeonen vor den Piraten zu schützen.

Im 17. Jahrhundert besetzten vor allem britische Siedler, die so genannten Baymen, und ihre schwarzen Sklaven aus der Karibik das Territorium. Die neuen Bewohner waren an den reichen Waldbeständen im Hinterland interessiert, vor allem an Mahagoni und an Blauholz, das damals in europäischen Fabriken zum Färben von Baumwolle sehr begehrt war. Diese Holzfäller gründeten die erste Kolonie auf St. George's Caye, einer Insel des Barrier Reef. Etwas später errichtete man eine größere Siedlung an der Mündung des Belize River, an der Stelle des heutigen Belize City.

1765 verabschiedete Admiral Sir William Burnaby, der Kommandant der englischen Flotte auf Jamaika, die erste Verfassung für das Gebiet. Der Burnaby's Code war viele Jahre lang die Grundlage für Gesetz und Verwaltung in Belize, bis 1787 der erste britische Verwaltungsbeamte ernannt wurde.

Zwei weitere Wellen mit Immigranten am Ende des 18. Jahrhunderts veränderten den Charakter der Bevölkerung nachhaltig. Zuerst übersiedelte man mehr als 2000 Schwarze von der Mosquito Coast in Honduras und Nicaragua. Dann immigrierten 1797 die Garifuna, ein aus schwarzen Sklaven und karibischen Indigenats hervorgegangenes Mischvolk, von der Insel St. Vincent nach Belize. Seit damals etablierten sie sich zu einer starken und individuellen ethnischen Gruppe im Süden des Landes. Während des 17. und 18. Jahrhunderts war das Verhältnis der Belizianer zu den spanischen Gouverneuren in Guatemala meist recht gespannt, da britische Piraten die geschützten Buchten Belizes als Ausgangshäfen für ihre Beutezüge auf spanische Handelsschiffe nutzten.

Eine Entscheidung brachte am 10. September 1798 die Seeschlacht von St. George's Caye, in der die spanische Flotte vernichtend geschlagen wurde. Nach dem Sieg fühlten sich die Siedler zum British Empire gehörig, obwohl Britisch-Honduras offiziell noch nicht existierte. 1802 erkannte Spanien mit dem Treaty of Amiens endgültig die englische Souveränität über das Gebiet an. Als Mexiko und Guatemala 1821 ihre Unabhängigkeit von Spanien erlangten, erhoben beide Anspruch auf das dünn besiedelte Land.

Nach dem Zweiten Weltkrieg begannen die Einwohner von Belize um einen eigenen, von Großbritannien unabhängigen Staat zu kämpfen. 1950 gründete George Price die People's United Party (PUP), die nach der Einführung des allgemeinen Wahlrechts 1954 und 1957 die Mehrheit bei den Wahlen zu den gesetzgebenden Körperschaften gewann. Price wurde der erste Premierminister der Kolonie und übte dieses Amt auch nach der garantierten Selbstverwaltung 1964 aus. Die PUP setzte sich damals mit Nachdruck für die Unabhängigkeit von Großbritannien ein.

Am 31. Oktober 1961 verwüstete der Hurrikan Hattie Belize und weitere Staaten Mittelamerikas. Besonders stark betroffen war Belize City, die Hauptstadt an der Küste seit dem 18. Jahrhundert. Hattie forderte Hunderte von Todesopfern und richtete einen Sachschaden von vielen Millionen US-Dollar an. Die Regierung entschied die Gründung einer neuen Hauptstadt, weit weg vom Meer und deshalb weniger von Hurrikanen bedroht. Als Namen für die neue Stadt wählte man Belmopan, aus „Bel" für Belize und „Mopan", zu Ehren der Maya-Gruppe, die den spanischen Konquistadoren widerstand.

Bis 1970 wurden sämtliche Amtsgebäude, einschließlich des Polizeihauptquartiers und des Kongresses, errichtet. Der englischen Firma zufolge, die die Mehrzahl der Bauten ausführte, orientierte man sich bei der äußeren Gestaltung an der klassischen Maya-Architektur.

Belmopan mit seinen heute ca. 12000 Einwohnern wurde bald zum Symbol eines neuen, unabhängigen Belize.

Die Unabhängigkeit von Großbritannien wurde endlich 1981 erreicht und wieder gewann George Price die Wahl zum Premierminister des neu gegründeten Staates. Erst 1984 gelang es, die Dominanz der PUP in der Politik Belizes zu brechen. In diesem Jahr gewann die United Democratic Party (UDP) die Wahlen. Ihr Anführer Manuel Esquivel löste Price im Amt ab.

Aber Esquivel und die UDP erwiesen sich als unfähig die Wirtschaft des Landes voranzubringen und 1989 übernahm die PUP mit knapper Mehrheit abermals die Macht. Ein weiterer Regierungswechsel kam 1993 zustande, als die UDP wieder die meisten der 29 Sitze im Repräsentantenhaus besetzte. Diese Konstellation dauerte 5 Jahre, nur eine Wahlperiode. 1998 übernahm die PUP unter Said Musa wieder die Regierung.

Das wohl bemerkenswerteste Ergebnis seiner Amtszeit ist eine Nettoverschuldung des Landes von 1,2 Milliarden Dollar. Der drohende Konkurs konnte nur durch die Ölfunde im Jahre 2005 vermieden werden.

7. Februar 2008: Nach Korruptionsskandalen bisher nicht gekannten Ausmaßes erteilten die Belizianer der PUP eine klare Absage und wählten die UDP mit großer Mehrheit. In nur 10 Jahren Amtszeit hat die PUP Belize eine Schuldenlast von 1,2 Milliarden US-Dollar aufgebürdet, Gelder von denen für nahezu 600 Millionen US-Dollar keine buchhalterischen Nachweise vorliegen. Für die Wähler war es nicht nur Zeit zur UDP zurückzukehren, erstmalig in der jungen Geschichte wurden rechtliche Schritte gegen die alte Administration eingeleitet.

Der überwältigende Sieg der UDP brachte Dean Barrow als neuen Premierminister Belizes an die Macht.

Barrow, dessen Beliebtheitsgrad, aufgrund von Korruptionsskandalen innerhalb seiner Regierung, rapide sank, kam einer Entmachtung geschickt entgegen. Anfang 2012 senkte er die Energiepreise um 7% und kündigte eine Reihe weiterer Maßnahmen an, die vor allem der breiten armen Bevölkerungsschicht zugutekommen sollten. Den dadurch entstandenen Aufwind nutzte er geschickt aus, indem er die nächsten landesweiten Wahlen einfach um ein Jahr vorzog. Am 24. März 2012 wurden Dean Barrow und seine Regierung mit einer knappen Mehrheit von 3 Sitzen im Parlament wieder gewählt.

Dies hielt die Regierung nicht davon ab schon wenige Monate später – wir schreiben 2013 – neue Skandale zu entfachen. So wurden beispielsweise belizianische Pässe nach Korea und Taiwan verkauft. Der Höhepunkt dieses Skandals wurde erreicht, als dem Südkoreaner Mr. Kim Won-Hong die belizianische Staatsbürgerschaft zuerkannt wurde. Dieser ehrenwerte Herr war zum Zeitpunkt der Einbürgerung nach Belize in Taiwan auf Grund eines Aushilfeersuchens von Süd Korea inhaftiert. Der Haftbefehl in seiner Heimat lautete: Unterschlagung von 100 Mio. US$.

Zwischen Belize und Süd Korea existiert kein Auslieferungsabkommen ... Sorry, ich schweife ab.

Zum 3. November 2015 wurden erneut vorgezogene Wahlen angestetzt und Barrow erhielt trotz aller Skandale eine dritte Amtszeit.

Belize-Kalender

Offizielle Feiertage

01. Januar	Neujahr
09. März	Baron Bliss Day
Karfreitag, Ostersamstag, -sonntag, -montag	
01. Mai	Tag der Arbeit
24. Mai	Commonwealth Day
10. September	St. George's Caye Day
21. September	Unabhängigkeitstag
12. Oktober	Pan American Day
19. November	Tag der Ankunft der Garifuna
25. Dezember	1.Weihnachtsfeiertag
26. Dezember	2.Weihnachtsfeiertag (Boxing Day)

Schönheitskönigin

Halloween Party

Garifuna Settlement Day

Karneval

La Ruta Maya

Spielmannszug

Tag der Unabhängigkeit

Feierlichkeiten/Veranstaltungskalender

Februar

Karneval (Fiesta de Carnaval)
Traditionelle Paraden im ganzen Land; in San Pedro traditioneller Mestizen-Karneval mit Tänzen und Paraden.

Internationaler Angler-Wettbewerb
Preis von 500 Belize-Dollar für den Angler, der einen Blauen Marlin mit über 500 Pfund fängt.

März

Jahresmesse von Landwirtschaft und Handel im Distrikt Orange Walk; eine landesweite Ausstellung einheimischer Produkte, bei der man viel Folklore erleben kann.

Baron Bliss Day (09.03.)
Landesweit Feste zu Ehren des großen Wohltäters von Belize.
Wie die Geschichte schreibt, soll Baron Bliss sich in die Küstenlandschaft von Belize verliebt haben. Er starb kurz nach seiner Ankunft mit dem Schiff und vermachte, obwohl er niemals einen Fuß auf das Festland gesetzt hatte, dem damaligen Britisch-Honduras sein ganzes Vermögen.
Im Hafen vor dem Leuchtturm in Belize City wird zu seinen Ehren jährlich eine Regatta abgehalten.

La Ruta Maya (Fr-Mo des Wochenendes, welches am nächsten am Baron Bliss Day liegt)
Mit 270 km Länge das zweitlängste Kanurennen der Welt. Es geht über 4 Tage und führt von San Ignacio nach Belize City. Die ca. 120 Boote aus allen Ecken der Welt starten in verschiedenen Kategorien wie Profis, Frauen, Senioren, Studenten, Mix, Familien.

April

Ostern wird besonders ausgiebig in den katholischen Gebieten nahe der mexikanischen und guatemaltekischen Grenze als

Semana Santa gefeiert. Karfreitagsprozessionen der Katholischen Kirche in Ambergris Caye und Caye Caulker.

Karsamstag „Cross Country Classic", ein Radrennen durch das ganze Land, von Belize City nach San Ignacio im Westen und zurück. (Internationale Teilnahme)

San Jose Succotz Fiesta
Jahrmarkt zu Ehren des Patrons von San Jose Succotz mit Unterhaltung, Buden und viel Marimba-Musik.

Mai

Tag der Arbeit (01.05.), an dem landesweit Paraden und Umzüge stattfinden; Rad- und Pferderennen, Hafenregatta, Wettkämpfe im Drachensteigen.

Landwirtschaftsmesse (am Wochenende vor dem 01.05.)
Die größte Messe des Landes findet über 3 Tage in Belmopan statt. Rodeos, Tanzveranstaltungen, Konzerte bilden das kulturelle Rahmenprogramm.

Cashew Festival
Erntedankfest der Cashewnuss in Crooked Tree Village mit Folklore, Spielen und Punta-Musik, dazu karibische Spezialitäten und Cashewnusswein.

Cayo Expo in San Ignacio
Ausstellung von Handwerk und Kunstgewerbe, dazu lokale Spezialitäten.

Coconut Festival in Caye Caulker
Alles rund um die Kokosnuss: Essen, Trinken, Handwerk, Umzüge

Commonwealth-Tag (24.05.)
Landesweite Feiern zum Geburtstag der britischen Königin; Pferderennen im Nationalstadion von Belize City, Radrennen zwischen Cayo und Belmopan.

Juni

St.-Peter-Festtag zu Ehren des Patrons von San Pedro; Parade und Segnung der Fischerboote am frühen Morgen, gefolgt von einer heiligen Messe und einer Fiesta.

Juli

Benque Viejo del Carmen Fiesta, am Ort gleichen Namens an der guatemaltekischen Grenze; lokales Fest zur Feier des Stadtpatrons mit Marimba-Musik, Essen und Spielen.

August

International Sea and Air Festival in San Pedro
Großes Fest mit Musik, Tanz und Essen aus mehreren mittelamerikanischen Ländern.

Deer Dance Festival (Hirsch-Tanz-Festival) in San Antonio bei Punta Gorda; einwöchiges Maya-Fest mit beeindruckenden Tänzen und traditionellen Kostümen.

September

St. George's Caye Day (10.09.) in Gedenken an die Schlacht von St. George's Caye 1798, als freigelassene Sklaven, Holzfäller und britische Soldaten die Spanier endgültig besiegten.
Die Schlacht ist historisch umstritten, es gibt außer der Sage keine anderen Beweise dafür, dass sie stattgefunden hat.
Landesweit finden offizielle Feiern und Paraden statt, karibische Karnevalsatmosphäre mit sportlichen Wettkämpfen und Popmusikkonzerte.

Independence Day (21.09.)
Zahlreiche kulturelle, religiöse und sportliche Veranstaltungen zur Feier der Unabhängigkeit 1981 mit Paraden, Musik und Tanz; besonders bunt und prächtig in Belize City.

Mexican National Day in Orange Walk und Corozal
Viele Familien überqueren am Unabhängigkeitstag Mexikos die Grenze und feiern die „Wiedervereinigung" mit ihren Familienangehörigen.

Oktober

Columbus Day oder Pan American Day (12.10.)
Feierlichkeiten aus Anlass der „Entdeckung" Amerikas (1492), Regatta in Belize City, Mestizen-Fiesta in Orange Walk und Corozal.

Hike and Bike for the Rainforest
Zweitagesbiathlon mit nationalen und internationalen Athleten durch den Cayo Bezirk; Wohltätigkeitsveranstaltung zur Erhaltung des Regenwalds.

November

Garifuna Settlement Day (19.11.)
Wird in Dangriga und in den südlichen Landesteilen zur Erinnerung an die Ankunft der ersten Garifuna (1832) gefeiert. Viele Veranstaltungen beginnen schon eine Woche vorher; Paraden, Tänze, Unterhaltung und einheimische Garifuna-Küche werden präsentiert.

Dezember

Boxing Day (26.12.) mit Partys, Tanz und Pferderennen, ebenso Garifuna-Tänze.

Fisch-Saison

Spiny Lobster (Languste)	15. Juni bis 15. Februar
Conch (Tritonshorn)	1. Oktober bis 30. Juni

Bevölkerung

Überblick

Das Vielvölkergemisch Belizes gilt den meisten Belizianern genau wie das Barrier Reef oder die Maya-Ruinen als nationales Kulturgut. Die Vielfalt der Vorfahren über Generationen hinweg hat es unmöglich gemacht, das Erscheinungsbild des typischen Belizianers zu beschreiben. Jede nur erdenkliche Haut-, Haar- und Augenfarbe ist oft auch innerhalb einer Familie vertreten. Doch auch wenn die Trennlinien zwischen den Ethnien verwischt sind, identifizieren sich die meisten Belizianer mit einer ethnischen Gruppe. Um die Sprache der Gastronomie zu bemühen: Belize ist kein kulturelles Püree, sondern eine Gastkomposition, der jede Zutat eine spezifische Geschmacksnote verleiht. Von Kindesbeinen an werden die Belizianer ermutigt, stolz auf die Traditionen ihrer Ethnie zu sein und die der anderen zu schätzen.

Die Suche nach der Identität: Die Belizianer haben sich lange Zeit als Karibikland in Mittelamerika gesehen. Vom kulturellen Standpunkt aus betrachtet verband Belize lange Zeit mehr mit den in der Ferne liegenden Karibikinseln als mit den unmittelbaren Nachbarn. Der Hauptunterschied besteht darin, dass Belizes Erbe eher britisch als spanisch geprägt ist. Englisch ist Amtssprache. Die schwarzen, von afrikanischen Sklaven und britischen Soldaten abstammenden Kreolen bilden die Bevölkerungsmehrheit. Es hat immer auch – genau wie im übrigen Mittelamerika – Maya und Mestizen (indianisch-spanischer Abstammung) gegeben, aber die Kreolen hatten stets die Oberhand, weshalb das Rechtswesen, das politische System und das Bildungswesen Belizes sich eher an die Gegebenheiten der englischsprachigen Karibik anlehnen, während Musik, Tanz und Folklore viele afrikanische Elemente aufweisen.

Die letzte Volkszählung vom Mai 2014 hat ergeben, dass die Kreolen nur noch 33% im Vergleich zu den Mestizen mit etwa 51% der Gesamtbevölkerung ausmachen. Viele Kreolen haben Belize verlassen und sind in die USA gegangen. Gleichzeitig sind Mestizen – Flüchtlinge aus dem von Bürgerkriegen geschüttelten Mittelamerika – ins Land geströmt. Diese Flüchtlinge ließen die Zahl der spanischsprachigen Bevölkerung, die sich in den 1860er Jahren, nach ihrer Flucht vor den Kastenkriegen, in Mexiko und in Nordbelize niedergelassen hatte, stark anschwellen.

Obwohl die Ahnen der Maya die Ureinwohner Belizes sind, stellen sie heute nur noch 5% der Bevölkerung. Es gibt verschiedene Volksgruppen der Maya: die größten sind die der Mopan und der Kekchi. Wie die Urbevölkerung in vielen anderen Teilen der Welt stehen die Maya auf der untersten Stufe der sozioökonomischen Leiter. Die meisten leben von der Landwirtschaft und produzieren gerade so viel, dass der Eigenbedarf gedeckt ist. Sie leben in entlegenen Dörfern und bewahren die alten Traditionen.

Den Garifuna schlugen, als sie Anfang des 18. Jahrhunderts nach Belize kamen, genau wie den Flüchtlingen jüngster Zeit, Vorurteile und Misstrauen entgegen. Die Garifuna stammen von geflohenen afrikanischen Sklaven und Karibikindianern ab. Sie machen 5% der Bevölkerung Belizes aus.

Auch die Inder bilden nur einen kleinen Teil der Gesamtbevölkerung (3%). Einen Namen haben sie sich als tüchtige Geschäftsleute gemacht. Viele ließen sich in Belize City nieder, wo viele von ihnen kleine Geschäfte eröffneten.

Syrer, Libanesen, Chinesen, Taiwaner, US-Amerikaner, Europäer und Mennoniten runden die ethnische Mischung ab.

Der durchschnittliche Belizianer glaubt, dass Harmonie unter den Ethnien das Wichtigste ist. In erster Linie ist man Belizianer und erst in zweiter Linie Kreole, Maya oder Mestize, und alle glauben, zum Aufbau der Nation das Ihrige beizusteuern. Schwärmen die Besucher von der natürlichen Schönheit Belizes, halten die Belizianer ihr buntes Völkergemisch und die Jugend (ca. 40% der Bevölkerung sind jünger als 18 Jahre) ihres Landes für ihre größten Schätze.

Mennoniten

Sie unterscheiden sich von jeder anderen ethnischen Gruppe in Belize: blonde, blauäugige Männer mit Jeanslatzhosen und Cowboyhüten, bescheidene Frauen mit selbst geschneiderten Kleidern, langärmelig und bis zu den Knien reichend, dazu einen breitkrempigen Hut gegen die tropische Hitze. Freundlich und zurückhaltend, sprechen sie ruhig untereinander, nicht auf Spanisch, Englisch oder Kreolisch, sondern in einem altertümlichen deutschen Dialekt.

Es sind die Mennoniten Belizes, eine stille religiöse Sekte, die ihre Wurzeln in den Niederlanden des 16. Jahrhunderts hat. Benannt nach einem holländischen Priester, Menno Simons, leben sie in abgelegenen Bauerngemeinden und nennen sich selbst „die Stillen im Lande“. Sie lehnen jede staatliche Einmischung in ihre Angelegenheiten, Waffenbesitz sowie Empfängnisverhütung strikt ab und sind überzeugte Pazifisten.

Belize ist der letzte Halt in einer dreihundertjährigen Odyssee, denn wegen ihrer Prinzipien wurden sie oft genug verfolgt. Von den Niederlanden wanderten die Mennoniten im 17. Jahrhundert nach Preußen, dann nach Südrussland und, als der russische Zar in den 1870er Jahren für sie die Wehrpflicht beschloss, nach Kanada.

Nach dem Ersten Weltkrieg ordnete die kanadische Regierung an, dass nur auf Englisch in mennonitischen Schulen gelehrt wird und erwog, geschürt durch antideutsche Ressentiments, die Einberufung zur Armee. Wieder emigrierten viele von ihnen, diesmal in den unwirtlichen Norden Mexikos. Doch schon in den 1950er Jahren wollten die mexikanischen Behörden sie in ein staatliches Sozialversicherungssystem integrieren.

Auf der Suche nach einer neuen Heimat entdeckten sie Britisch-Honduras, das dringend erfahrene Bauern benötigte. Die Kolonie war unterentwickelt und die Einheimischen, die die Landwirtschaft verachteten, importierten sogar Eier aus dem Ausland. Eine mennonitische Delegation wurde 1957 freudig von den britischen Gouverneuren empfangen und mit Land gesegnet.

Im März 1958 begannen die ersten von insgesamt 3500 Mennoniten mit der Arbeit. Sie schlugen Wege durch die Wälder, legten Sümpfe trocken und errichteten ihre Bauernhöfe in der Wildnis. Aber nach Jahrhunderten der Irrfahrt, in der sie ihre religiösen Überzeugungen unbeirrbar beibehalten hatten, tat sich eine kulturelle Kluft auf: Nach einem Edikt gegen Motoren und Wissenschaften setzen konservative Gruppen, die auch noch Deutsch sprechen, bis heute nur Geräte des frühen 20. Jahrhunderts ein. Dagegen wenden progressive Mennoniten, die in Kanada Englisch lernten, Traktoren und Düngemittel an.

Die über Belize verbreiteten Siedlungen spiegeln diesen kulturellen Unterschied wider: die progressiven „Kleinen Gemeinden“ in der Umgebung von Spanish Lookout und im Norden am Blue Creek; demgegenüber die konservativen „Altkolonier“ in Little Belize im Dreiländereck zu Guatemala und

Ausschnitt aus dem Völkergemisch von oben nach unten:
Mennoniten, kreolische Frauen, Garifuna-Kids, Maya

Mexiko, außerdem in den Gemeinden Shipyard und Richmond Hill, unweit von Orange Walk Town.

Die Mennoniten sind gegenwärtig die erfolgreichsten Bauern in Belize. Sie produzieren nicht nur einen Großteil der Nahrungsmittel des Landes, sondern exportieren mittlerweile in die umliegenden Staaten. Sie schreinern zudem die meisten Möbel für den nationalen Markt.

Allgemeines

Essen und Trinken

In Belize gibt es ein breit gefächertes Angebot an Speisen und Getränken. Während das einheimische Bier BELIKIN von einem deutschen Braumeister gebraut wird und damit dem europäischen Geschmack entspricht, ist die belizianische Küche in ihrem Mix aus mexikanischem Essen und verschiedenen Varianten aus Reis, Bohnen und Huhn doch schon wesentlich abweichend vom europäischen Menü.

Dabei gibt es meines Erachtens die wirkliche belizianische Küche nicht. Panades, Salbutes, Tacos oder Burittos sind mexikanischen Ursprungs. Kleine Mengen Fisch, Huhn, Rind oder Schwein in Mais- oder Mehltortillas eingerollt und je nach Name mit verschiedenem Gemüse ergänzt, so werden diese leckeren und billigen Imbisse aus kleinen Hütten heraus oder von mobilen Ständen aus an der Straße angeboten. 3 Tacos oder Panades für 1 Dollar, auf diese Weise erinnern diese Mahlzeiten eher an den Stopp zwischendurch als an das Mittag- oder Abendbrotessen wie es in Europa üblich ist. Und die Kombinationen aus Reis und Bohnen mit Huhn/Rind/Schwein oder als überaus populäres BBQ zubereitet sind zu weit über ganz Nord- und Mittelamerika verbreitet, als dass man ihnen belizianischen Ursprung zuschreiben kann.

Darüber hinaus gewinnt die chinesische Küche mehr und mehr Einfluss in Belize. Mittlerweile sind circa als 90 % der Restaurants auf dem Festland Belizes in taiwanesischer oder chinesischer Hand. Und so ist es nicht verwunderlich, dass „Chow

Mein“ und „Soy Noodles“ die hiesigen Essgewohnheiten nachhaltig beeinflussen.

Natürlich gibt es vor allem in Touristenzentren das eine oder andere Restaurant, welches hervorragende Fischgerichte, T-Bone Steaks oder Pork Chops anbietet, aber es gibt nahezu keine Gaststätte im Lande, die nicht wenigstens eine der Varianten Reis/Bohnen/Huhn für die Einheimischen im Angebot hat.

Schwarzbrot ist ebenso wie Wurst nahezu unbekannt. Da alle drei täglichen Hauptmahlzeiten mit den Beilagen Fry Jacks (Frühstück), Tortillas oder Reis (Mittag und Abendbrot) gereicht werden, sind diese Zutaten auch nicht notwendig. Langsam, vor allem genährt durch die Werbung aus dem amerikanischen TV, dringen in den Städten auch Toast, Sandwichs und Burger auf die Speisekarten.

Als Abschluss der Hauptmahlzeiten liebt es der Belizianer süß. Desserts und opulente Kuchen aus den verschiedensten Früchten und mit viel Zucker lässt niemand stehen.

Zum Essen trinkt der Belizianer gern einen frisch gepressten Obstsaft, eine Coca Cola oder eines der 5 Sorten Biere (Regular, Stout, Premium, Lighthouse, Guiness) aus der einzigen Brauerei des Landes. „Regular Belikin“ und „Premium Belikin“ sind Lagerbiere, „Belikin Stout“ ist ein wohlschmeckendes schwarzes Starkbier und „Lighthouse“ ein leichtes Bier in einer noch leichteren Flasche, das vor allem auf Frauen zielt. „Guiness“ wird in der gleichen Brauerei in Lizenz gebraut.

Die Auswahl frisch gepresster Säfte ist sehr umfangreich und umfasst je nach Jahreszeit Orangen, Papaya, Ananas, Kokosnuss, Guave oder Limetten. Und, süß muss der Juice sein!

Trockener Wein und Whisky sind eher selten im Gebrauch. Da Beides in Belize nicht gekeltert wird, die Einfuhrsteuer auf Alkohol sehr hoch ist und den Preis der importierten Flasche in utopische Höhen treibt, hilft man sich mit überzuckerten Fruchtweinen oder einheimischem Rum weiter. Letzterer ist vor allem als der „One Barrel“ auch international bekannt. Der One-Barrel-Rum gewinnt bei Geschmackswettbewerben seit Jahren Goldmedaillen in seiner Kategorie. Da in Europa Rum eher als Zugabe zu Mixgetränken genutzt, ansonsten eher auf Whisky zurückgegriffen wird, ist der belizianische Rum dort weitestgehend unbekannt.

Jaguar

Tarantel

Blauer Morphofalter

Tukan

Ammenhai

Manati (Seekuh)

Stechrochen

Meeresschildkröte

Tierwelt

In Belize, dem kleinen Land an der Karibikküste zwischen Mexiko und Guatemala, stehen mehr als 40 % des Gebietes unter Naturschutz. Hier gibt es noch riesige Wälder, angeblich die größte Fläche zusammenhängenden Regenwaldes in Mittelamerika. Eine Vielzahl verschiedener Tierarten ist folgerichtig hier zu Hause. 574 verschiedene Spezies an Vögeln leben ganz oder teilweise in Belize. Pumas, Tapire, Ozelots, Porcupines (Stachelschweine), Stinktiere, Ameisenbären und viele andere Säugetiere durchstreifen die Wälder. Der unumstrittene Herrscher des Dschungels jedoch ist der Jaguar. Bis zu zweitausend Tiere streifen durch Belizes Urwälder. Zum Vergleich: Im vielfach größeren Mexiko leben nicht mehr als 500 dieser schönen Raubkatzen. In der Wildnis bekommt man Jaguare äußerst selten zu sehen. Sie gehen dem Menschen aus dem Weg. Tun sie das nicht und vergreifen sich an Haus- oder Nutztieren, werden sie meist getötet.

Aber auch das Wasser ist voller Leben. Zahllose Fischarten, Biber, Leguane und Süßwasserkrokodile bevölkern die Flüsse und angrenzenden Ufer. Spitzkrokodile dagegen leben vorzugsweise im salzigen Wasser in den Mangrovensümpfen der Karibischen See, die früher englischen Piraten als Versteck bei der Jagd auf die mit Gold beladenen spanischen Schiffe dienten. Bis vor einigen Jahren waren diese großen Reptile häufig Zielscheibe von Jägern. Seit der Handel mit Krokodilleder verboten wurde, erholen sich die Bestände langsam. Mit zunehmender Konsolidierung der Zahlen weitet sich ihr Einzugsgebiet aus und so schnappen sich die urtümlichen Riesen gelegentlich schon mal ein Haustier. Dabei dringen sie im Ausnahmefall sogar bis nach Belize City vor, um ein Huhn oder eine Katze zu holen.

Die Angst vor den Krokodilen wächst, aber noch mehr Respekt haben die Belizianer vor den vielen Schlangen mannigfaltigster Arten. Noch heute kommt es zu tödlichen Begegnungen, Opfer gibt es auf beiden Seiten. Obwohl neben der manchmal aggressiven Tomikov (auch Fer de Lance genannt), die Korallenschlangen, die Klapperschlangen und drei Viperarten giftig sind, betrachten die Einheimischen die komplette Schlangenwelt als gefährlich und töten diese wo sie nur können.

Dabei besteht sogar bei der Tomikov eine nahezu hundertprozentige Überlebenschance, wenn man bis spätestens 2 Stunden nach einem Biss im Krankenhaus die erste Ration Gegengift erhält. Das klingt ziemlich einfach, ist aber für viele Belizianer auch am Anfang des 21. Jahrhunderts noch verdammt kompliziert. In weiten Teilen des Landes ist das Telefonnetz nicht ausgebaut und gerade in den südlichen Gegenden ist das Auto noch nicht selbstverständlich. Die meisten Todesfälle nach Schlangenbissen resultieren also nicht aus fehlenden Gegenmitteln, sondern mangels entsprechender Infrastruktur.

Zurück zur Tierwelt, denn dann ist da noch das Riff vor Belize. Ein Paradies für Taucher! Haie, Rochen, Muränen, um nur 3 der vielen Fischarten zu nennen, tummeln sich neben Schildkröten und den plumpen Manatis.

Alles in allem ist Belize ein Paradies für Tiere und auch Tierfreunde. Wer letztendlich nicht das Glück hatte, den Jabiru, die Boa oder einen Scarlet Macaw (Hellroter Ara) in natura zu erleben: der **Belize Zoo** ist der einzige Zoo der Welt, der nur einheimische Tier-arten beherbergt und damit nahezu Garantie für eine Begegnung.

Pflanzenwelt

Belize hat eine der vielfältigsten Floren der Welt. Auf weniger als 20000 km^2 sind mehr als 4000 Spezies blühender Pflanzen zu Hause. Hinzu kommen ungefähr 700 verschiedene Baumarten und mehrere hundert Gattungen anderer Pflanzen.

Wissenschaftler fangen erst jetzt an, einen umfassenden Katalog der einheimischen Flora aufzubauen. Die Aufgabe schüchtert auf den ersten Blick ein: Über 70% des Landes ist mit irgendeiner Art von Wald bedeckt. Fast die Hälfte von Belizes primärem Wald steht noch.

Die Wälder erstrecken sich von den Maya-Bergen im Westen des Landes bis hinunter in den Toledo District.

Die bedeutenden Bedrohungen für Flora und Fauna in diesem Gebiet entstehen durch die Ausdehnung von kommerziellen

Ceiba-Baum

Gumbolimbo

Guanacaste

Ursprünglicher Regenwald

Würger

Give and Take

Cohune-Nüsse

Alpinie

Ananas

Cashew

Helikonie

Marigold (Tagetes)

Schwarze Orchidee

Blaue Klitorie

Xate-Palme

Zitrusgewächsen und Bananenplantagen. Diese verdrängen mehr und mehr den ursprünglichen Regenwald.

Nicht zu unterschätzen ist auch die illegale Abholzung des Regenwaldes durch Eindringlinge aus Guatemala. Ende 2015 waren im Chicuibul-Nationalpark schätzungsweise 2200 Hektar Dschungel abgeholzt und zu Farmland aufbereitet worden. Hinzu kommen nahezu 1 Million geschlagene Xate-Pflanzen, eine Pflanze, die hier normalerweise unter Naturschutz steht.

Die kleine und schlecht ausgerüstete Armee auf belizianischer Seite hat kaum eine Chance dem massiven Vordringen der illegalen bewaffneten Holzfäller und Pflanzenräuber (Xateros) aus dem Nachbarland Herr zu werden.

Hurrikans

Während die umliegenden Länder nahezu jährlich von Hurrikans verheerend getroffen werden, kommt Belize meistens relativ glimpflich davon.

Natürlich sind für ein kleines Land wie Belize auch Schäden von 30 Millionen Dollar eine Katastrophe, aber diese Schäden entstehen meistens durch Nebeneffekte vorbeiziehender Hurrikans wie überdimensionierte Winde oder ungewöhnlich starke Regenfälle und nicht durch direkte Einschläge.

Ein geradliniger Treffer auf Belize hätte unvorstellbare Folgen. Die hiesigen Hurrikan-Notunterkünfte sind teilweise in schlechterem Zustand als manches normal errichtete Zementhaus und ein solcher Wirbelsturm würde folgerichtig zahllose Todesopfer nach sich ziehen. Tausende Bewohner von Holzhäusern würden obdachlos und letztendlich ständen für die Beseitigung der Folgen keinesfalls auch nur annähernd ausreichende Mittel zur Verfügung.

Offensichtlich hat die geografische Lage Belizes hinter dem Barrierriff mit seinen vielen Inseln einen günstigen Einfluss auf das Verhalten heranziehender Stürme.

So ist es nun schon mehr als 50 Jahre her, dass Hurrikan Hattie 1961 Belize City getroffen und schwer beschädigt hat. Hattie war letztendlich der ausschlaggebende Grund, dass 1967 mit dem Bau der neuen Hauptstadt Belmopan im Landesinneren begonnen wurde.

Anreise nach Belize

Mit dem Flugzeug

Zwar führen viele Wege nach Rom, dafür aber relativ wenige von Europa nach Belize. Die übliche Tour ist der Flug von einem der deutschen Großflughäfen nach Belize City, allerdings mit Zwischenstopp in den USA.

Die einfachsten Verbindungen ab Frankfurt bieten *United Airlines* mit Zwischenstopp Houston, *Delta Airlines* hält in Atlanta, während *American Airlines* Miami anfliegt.

Hat man erst die Sicherheitsbehörden in den USA erfolgreich passiert, ist die Einreise nach Belize relativ einfach. Es ist zu beachten, dass man sich im Vorfeld der Einreise in die USA ein VISUM (ESTA) besorgen muss. Dies kann online geschehen und muss mindestens 3 Tage vor der Ankunft vorliegen.

Für diejenigen, die sich diese Zeremonien nicht zumuten oder den Belize-Urlaub mit einem Aufenthalt in Mexiko verbinden wollen, bietet sich die Anreise per Flug über Cancun an. Es gibt Direktflüge von Deutschland nach Cancun, der Umstieg dort erfolgt in ein Flugzeug der belizianischen Linie Tropic Air. Den Flugplan und die Preise findet man unter www.tropicair.com.

Seit Oktober 2015 bietet auch Copa Air jeden Mittwoch eine Direktverbindung Panama City – Belize City an.

Über Mexiko mit dem Bus

Einmal in Cancun, Playa del Carmen oder Tulum angekommen und des Fliegens müde, empfiehlt sich die Buslinie ADO für die Weiterreise nach Belize. Diese Gesellschaft setzt klimatisierte Busse ein und gibt für ein Ticket der ersten Klasse (50 US$ von Cancun bis Belize City) auch Sitzplatzgarantie. Diese Sicherheit zahlt sich aus, denn anderenfalls kann es passieren, dass die nächtliche Fahrt im Stehen, dicht gedrängt zwischen übermüdeten Mitfahrern, gegebenenfalls auch Hühnern und anderem Getier, zur Qual ausartet.

Täglich gegen Mitternacht verlassen Busse von ADO Cancun in Richtung Chetumal, der Grenzstadt auf mexikanischer Seite im Norden Belizes. Hier wird morgens gegen 5.00 Uhr die Grenze passiert und weiter geht es nach Belize City.

Über Mexiko mit dem Boot

Seit kurzem gibt es die Möglichkeit der Anreise in einer Kombination Bus/Boot. Dies ist vor allem für jene interessant, die ihren Urlaub auf Ambergris Caye oder Caye Caulker beginnen wollen.

Man besteigt – wie im vorherigen Absatz beschrieben – den ADO Bus Richtung Belize, verlässt diesen jedoch in Chetumal wieder. Ein Taxi bringt Sie weiter zu „Muelle Fisca" des Stützpunkts der Fähre nach Belize. Die Fahrt bis zur Einwanderungsbehörde von San Pedro dauert ungefähr eine Stunde und kostet 30 US$. Abfahrtzeiten findet man unter www.sanpedrowatertaxi.com.

Anreise mit einem Mietwagen

Es gibt in Mexiko zurzeit nur eine Autovermietung, **American Car Rental**, die die Einreise mit einem Mietwagen nach Belize gestattet. Gleiches gilt umgekehrt und, wenn wir einmal dabei sind, auch für Guatemala. **Crystal Auto Rental** bildet die Ausnahme in Belize. Die Vermietung erfolgt allerdings auf eigene Gefahr.

Während die Zahl der Autodiebstähle in Belize vernachlässigbar ist, sind diese in Mexiko und Guatemala an der Tagesordnung. Darin ist begründet, dass belizianische Versicherungen keine Mietwagen für die beiden Nachbarländer unter Vertrag nehmen. Warum mexikanische und guatemaltekische Versicherer Mietwagen für Belize nicht decken ist mir nicht erklärlich, es hängt aber sicher damit zusammen, dass man den offiziellen Statistiken der Englisch sprechenden „Halb-Gringos" da drüben nicht glaubt.

Wohin in Belize?

Aus Sicht von Europäern ist Belize klein in mehrfacher Bedeutung.

Die Fläche des Landes entspricht nahezu der des deutschen Bundeslandes Hessen; mit ungefähr 300000 Einwohnern zählt gesamt Belize weniger Menschen als eine mittlere Stadt in Deutschland.

Die Zimmerzahl der großen Hotels in Belize beträgt, abgesehen von **Princess** und **Radisson Fort George Hotel**, selten mehr als 20. Der Flugverkehr zwischen den Inseln und dem Festland wird hauptsächlich mittels kleiner Propellermaschinen mit 10 Sitzen abgewickelt.

Und trotzdem passt auch das Wort „groß" hervorragend zu Belize.

Große Flächen des Landes sind als Nationalpark definiert, mehr als 500 verschiedene Vogelarten können hier gesichtet werden; das größte Jaguar-Reservat der Welt liegt im Süden des Landes; das größte zusammenhängende Höhlensystem Zentralamerikas lädt zu Abenteuern ein und tausende Maya-Ruinen schlummern unentdeckt im größten zusammenhängenden Regenwald Mittelamerikas. Und nicht zuletzt befindet sich das größte Barrierriff der westlichen Hemisphäre vor den Ufern Belizes.

Unabhängig davon, welcher Teil Belizes Ihr Ziel ist, die meisten Besucher beginnen die Reise von einem Punkt in oder nahe Belize City.

Der internationale Flughafen Philip Goldson liegt 18 km nördlich von Belize City. Viele Kurzurlauber wechseln kurzerhand direkt am Flughafen in ein kleineres Flugzeug und fliegen auf eine der zwei beliebtesten Inseln, **Caye Caulker** und **Ambergris Caye**. Letztere, und dabei vor allem die Hauptstadt **San Pedro**, ist ein eher im luxuriösen amerikanischen Stil geführter Urlaubsort, während sich **Caye Caulker** das ruhige belizianische Flair bis heute bewahrt hat.

Ob **Ambergris Caye** oder **Caye Caulker**, beide Inseln sind ideale Ausgangspunkte für Tauch- und Schnorchelgänge in die erstklassige Unterwasserwelt vor dem und am Riff.

Übrigens: Wer Abwechslung bevorzugt und nicht von einem zum anderen Flugzeug springen will, kann diese Inseln auch mit dem Wassertaxi von **Belize City** erreichen.

Aber auch das Festland hat es in sich. Viele der Aktivitäten hier sind in irgendeiner Weise an alte Maya-Stätten gekoppelt.

Sowohl Dschungelwanderungen zu Ruinen als auch Höhlenerkundungen mit dem Kanu, Autoreifen oder zu Fuß führen immer wieder zu Spuren dieser alten Zivilisation.

Im Norden von Belize City befindet sich unter anderen bedeutenden Reservaten der Brüllaffen-Naturpark **Baboon Sanctuary** und die Maya-Ruinen **Cerros, Altun Ha** und **Lamanai**.

Westlich der alten Hauptstadt, im **Cayo District**, warten mit **Xunantunich**, **Cahal Pech** und **Caracol** weitere Maya-Stätten, mit **Actun Tunichil Mucnal**, **Barton Creek**, **Caves Branch** und **St. Herman's Cave** beeindruckende Höhlen, die einst als Zeremonie-Stätten genutzt wurden. Zahlreiche Wasserfälle, ausgedehnter Regenwald und eine vielfältige Flora und Fauna vervollständigen dieses Paradies für Aktivurlauber, Abenteurer und Ökotouristen.

Südlich von Belize lädt Dangriga, das Zentrum der Garifuna-Kultur, zu einem Stopp ein. Dangriga ist auch der Ausgangspunkt für Bootstransfers zu vielen der Inseln vor der südlichen Küste. Folgt man dem Landweg weiter südlich, passiert man den **Mayflower Park** mit den **Antelope Waterfalls**, die **Davis Falls,** den Urlaubsort **Hopkins**, das **Cockscomb-Basin-Naturreservat**, die Touristenhochburg **Placencia** und**,** bevor man auf dem weitestgehend verkehrsfreien Southern Highway nach weiteren 1,5 Stunden Fahrt **Punta Gorda** erreicht.

Für all diejenigen, die die wirkliche Abgelegenheit suchen, ist das verschlafene **PG** ein ausgezeichneter Ausgangspunkt für Expeditionen. Zahlreiche unbewohnte Inseln vor der Küste, nahe gelegene Dörfer der Maya, unberührter Dschungel, Wasserfälle und natürlich wieder Stätten der alten Maya bieten auch hier im Süden ausreichend Stoff für einen attraktiven Aufenthalt.

Maya-Ruine Cerros bei Corozal

Maskentempel in Lamanai

Eingang zur Blue Creek Cave

Schädel in der ATM

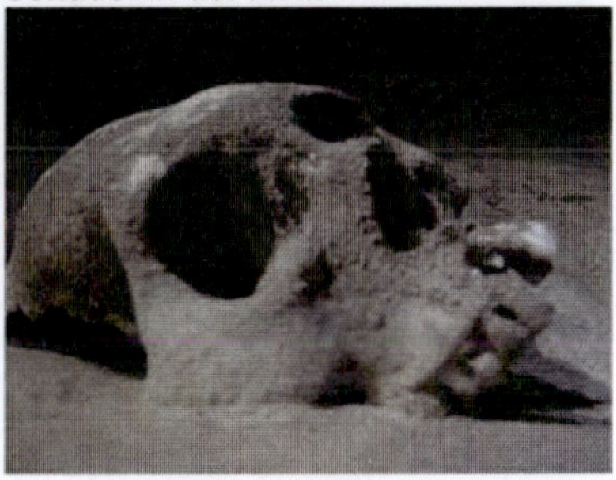

Markt in San Ignacio

Xunantunich

Maya-King-Wasserfall

Barton Creek Cave

Schmetterlingsfarm Green Hill

Big-Rock-Wasserfall

Cahal-Pech–Maya-Ruine

Cockscomb Basin Wildlife Sanctuary

Guanacaste-Baum im Guanac. Park

Kanutour auf dem Belize River

Rio on Pools

Zipline im Calico Jack's Village

Blue Hole

Split auf Caye Caulker

Strand in Dangriga

Museum Old Belize

Glovers Atoll Resort

Flayas in San Ignacio

Stalagmiten in St. Herman‘s Cave

Schwarzer Jaguar im Belize Zoo

Belize City

ist die alte neue Hauptstadt von Belize; eine Bezeichnung, die die Bewohner mögen.

Nicht ohne Grund, denn trotz der Implementierung von Belmopan vor nunmehr mehr als 30 Jahren ist Belize City noch immer das wirtschaftliche und kulturelle Zentrum des Landes.

Ohne Belize City geht gar nichts in Belize. Die Zentralen der Rundfunkstationen sind hier ebenso stationiert wie die Zentralen der Banken und der anderen einflussreichen Einnahmequellen des Landes. Natürlich haben beispielsweise die Banken Back-ups in Belmopan für den Fall des erneuten Einschlages eines Hurrikans vorbereitet. Aber so richtig will diese Gefahr niemand wahrhaben. Auch viele Regierungsbeamte sind öfter in Belize City anzutreffen als in ihren offiziellen Büros in Belmopan.

Belize City hat drei Gesichter, gegensätzliche Antlitze, die die Stadt wirklich reizvoll machen. Das erste ist mittlerweile das der so genannten Ersten Welt. Supermärkte mit (nahezu) europäischem Angebot und Servicestandard vergleichbar, Automarken wie Mercedes, BMW, Hummer, Rolls-Royce sind keine Seltenheit und zeugen von den vielfältigen Geschäftsaktivitäten.

Drogengelder, Einnahmen aus der Tourismusindustrie und Offshore-Banken, die die Gelder in eines der besten und sichersten Steuerparadiese der Welt abziehen, fundamentieren diesen Reichtum. Er ist richtig sichtbar.

Ein tieferer Blick, das zweite Gesicht, zeigt die großen Gegensätze zwischen Arm und Reich, aber auch zwischen einem wohltuend abwechselnden Rhythmus von karibischem Flair und geschäftlicher Hektik. Nicht die wenigen Schlipsträger beherrschen das Straßenbild. Zeitungsverkäufer, „AMANDALA“ oder „REPORTER“ schreiend, stehen im Wettbewerb um Geld mit Karaoke-Sängern, zahlreichen Anbietern von kalten Getränken oder dem Snack für zwischendurch, gefälschten Jeansmarken oder Juwelen und relativ wenigen, im Vergleich zu dem Rest der Welt relativ unaufdringlichen Hausierern. Wenn man die Würde der Jungs betrachtet, mit der sie ihren Lebensunterhalt bestreiten, stellt sich ohnehin die Frage, ob es wirklich Bettler oder nicht eher Alleinunterhalter sind.

In der Regel versuchen sie etwas zu bieten. Aufpassen aufs Auto ist eines ihrer Standardangebote; aber auch eine Tränen drückende Geschichte oder manchmal auch nur ein Small Talk mit den wenigen Brocken Deutsch, die sie irgendwann von einem früheren Spender aufgegriffen haben, kann der Deal sein.

Irgendwie scheint das Gebiet zwischen den Hauptgeschäftsstraßen Albert Street und Regent Street nur zwei gegensätzliche Alternativen der Entwicklung zu bieten: werde Millionär oder Bettler. Zwischendrin scheint da nicht viel möglich, es sei denn du bist Besucher, Kunde oder Kleinunternehmer, beispielsweise einer der vielen Taxifahrer, Schuhputzer oder Straßenverkäufer. Beide – Millionär und Bettler – beißen sich aber nicht, sie leben nebeneinander ohne aufdringlich zu sein, sie kennen sich und scheinen sich zu achten. Rastas jeder Altersgruppe in abgetragener Kleidung stehen täglich stundenlang vor Hofius und markieren das Straßenbild mehr als die gestylten Banker, die morgens in ihr Büro eilen und abends die Straße erneut betreten, um sich wenig später, den Schlips gelöst, zu den einheimischen Brüdern zu gesellen.

Egal wie nüchtern ich versuche diesen Reiseführer zu schreiben, Belize City bringt mein Blut in Wallung. Blues!

Aber, da ist auch noch das dritte Gesicht, die außerordentlich hohe Kriminalität, geführt auf einem ungewöhnlichen Level der Gewalt. Zumindest suggerieren es die Medien. Es stimmt, die Anzahl der Todesopfer, die fast ausschließlich junge, schwarze Männer sind, sucht weltweit ihresgleichen. Bei nur 72000 Einwohnern werden wöchentlich im Durchschnitt 2 bis 3 Opfer beklagt. Wenn wir es weiter einengen, dann finden die Exzesse nur in der Südstadt von Belize City mit geschätzten 12000 Bewohnern statt.

Diese traurige Statistik sollte niemanden abhalten, Belize City zu erleben. Mir ist kein Fall bekannt, in dem Touristen betroffen waren. Familienstreitigkeiten und Drogenbanden innerhalb der Einheimischen fordern ihren Tribut, unvorstellbar für jeden Mitteleuropäer und keinesfalls akzeptabel, aber beileibe kein Grund Belize City zu meiden.

Natürlich macht es sich nicht gut, einem Taxifahrer für seine Dienste seine 5 Belize-Dollar aus einem Stapel hunderter US-Noten vorzuzählen. Eine derartig grobe Unvorsichtigkeit, ich würde es eher Arroganz nennen, kann in Berlin, Wien oder Bern ebenfalls „bestraft“ werden.

Stadtrundgang

Wer halbwegs gut zu Fuß ist, etwas Zeit mitgebracht, die Diamantkette im Hotelzimmer gelassen und außerdem keine Probleme mit der Sonne und der Luftfeuchtigkeit hat, kann Belize City durchaus im Spaziergang erkunden.

Wir überqueren die Swing Bridge Richtung Süden und tauchen direkt in das pulsierende Herz der Innenstadt ein.

Während die Regent Street, welche links der Belize Bank verlaueft, verschiedenste Dienstleister wie Anwaltskanzleien, Finanzfirmen, Regierungsbüros, Kirchen und das oberste Gericht beherbergt, buhlen auf der rechten Seite in der Albert Street Geschaefte verschiedenster Coulour um die Gunst der kaufwilligen Einheimischen und Kreuzfahrttouristen.

Wenn Sie die Regent Street weiter südlich entlangbummeln, kommen sie an zwei alten Kolonialbauten vorbei, die heute das Oberste Gericht von Belize beherbergen. Schräg gegenüber ist der Battlefield Park, dessen immer geschäftiges Treiben vor allem von Lebenskünstlern, Nichtstuern und anderen dunklen Gestalten der belizianischen Gesellschaft verursacht wird.

Biegen sie zwischen den Gerichtsgebäuden nach links Richtung Hafen ab, dann sehen sie rechts das Bliss Center für Kultur.

Schlendert man weiter am Wasser entlang der Straße Southern Foreshore, passiert man die Gegend, die in der Vergangenheit von den Prominenten der Stadt bewohnt wurde.

Am Ende des Weges am Wasser führt der Rundgang zurück in die Regent Street, an der sich wenige Meter zur linken Seite das Kulturhaus befindet. Es ist eingebettet in einen schattigen Park, der nach der Besichtigung des House of Culture zu einer kurzen Rast einlädt.

Etwas weiter südlich folgt der Albert Park, an dessen Ende eine Fußgängerbrücke die Albert Street mit Bird Island verbindet. Gehen sie hinüber auf die „Vogelinsel“ und stärken sich bei einem richtig guten Essen oder frisch gepressten Fruchtsaft.

Gegenüber des Kulturhauses hat eines der wenigen alten Gebäude der Stadt überlebt: St. John's Cathedral. Diese älteste anglikanische Kirche Mittelamerikas wurde 1812 mit Ballaststeinen aus Europa erbaut und ihr Anblick versetzt den Kenner nach York in England.

Ein Block südwestlich ist der Yarborough-Friedhof (6). Gegründet 1781, erzählen die Grabsteine Geschichten aus der Vergangenheit, meistens von weniger prominenten Bürgern der Stadt.

Auf dem Rückweg zur Swing Bridge durch die historische Albert Street kommt man an einem kleinen Hindu-Tempel, gelegen zwischen South Street und Dean Street, vorbei. Er dient der kleinen, aber aktiven ostindischen Gemeinde der Stadt als religiöses Zentrum.

In der King Street nehmen wir einen Schlenker nach rechts, vorbei an Dit's Restaurant zu dem Southside Canal. Dieser Kanal ist einer der letzten erhaltenen Kanäle der Stadt. Früher wurden die Exkremente aus den über den Kanälen befindlichen Toiletten direkt in den Haulover Creek geleitet. Obwohl die Kanäle nicht mehr als Klärgruben dienen, wird leider noch immer allerhand Müll mit dem Abwasser auf diesem Weg ins Meer befördert. Zum Abschluss des Rundgangs durch das Zentrum der Stadt überqueren wir die Swing Bridge erneut.

Auf der rechten Seite steht ein weiteres der wenigen alten Kolonialbauten, das Paslow Building, welches heute als Hauptpost dient. Direkt gegenüber hat die Caye Caulker Water Taxi Association ihr Quartier. Dies ist einer der Anbieter von Überfahrten auf die vorgelagerten Inseln Caye Caulker, Ambergris Caye und Caye Chapel,

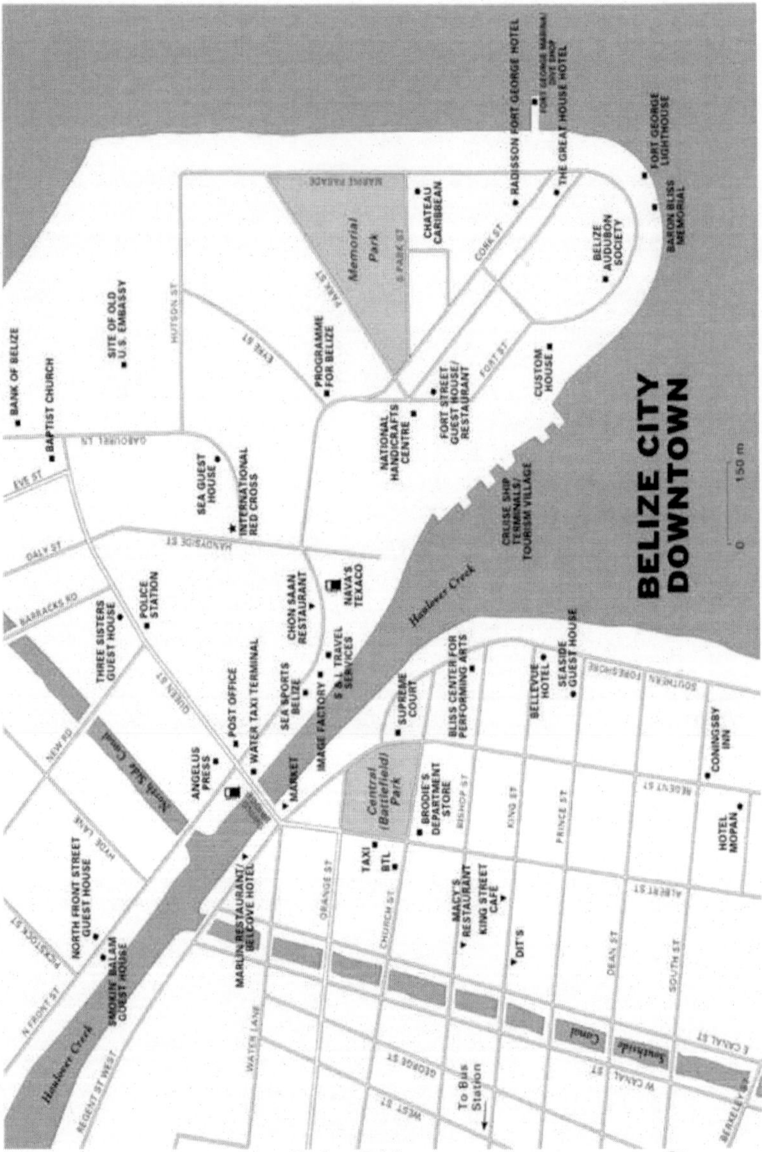

Swing Bridge **St.**
John's Cathedral

Straßenszene

Yachthafen Belize City

Flohmarkt am Tourist Village

Paslow-Gebäude

Oberstes Gericht

Weihnachten

Hotels / Resorts / Lodges - eine Auswahl

Die folgenden fünf Unterkünfte zählen zur Budget-Kategorie und sind beliebte Ziele für Rucksacktouristen.

Die günstigen Gästehäuser bieten in der Regel Zimmer mit eigenem Bad und Zimmer mit Gemeinschaftsbad an.

Es hat Sinn vor Anreise anzufragen, ob Plätze frei sind oder überhaupt geöffnet ist. Die zentrale Tourismusbehörde in Belize, das Belize Tourism Board BTB, beobachtet die billigen Hotels sehr genau. Manche Funktionäre bei BTB sind der Meinung, dass diese Art von Hotels Belizes nicht würdig ist und so kommt es schon mal vor, dass das eine oder andere dieser Quartiere aus fadenscheinigen Gründen vorübergehend geschlossen wird.

Diese Schikanen gehen völlig an der Sache vorbei. Alle diese kleinen Hotels bieten saubere Räume und freundlichen Service.

Hotels der unteren Preisklasse:

Caribbean Palms Inn, 26 Regent Street and King Street, Tel.: 00501-227-0472

Sea Breeze Guest House, 7 Gabourel Lane
Tel.: 00501-203-0043

The Red Hut Inn , 90 Bella Vista Tel.: 00501-223-1907

Global Village Hotel, Mile 8.5 Northern Highway, **Global Village Hotel**
Tel.: 00501-225-2555; www.globalvillagehotel.com

Mckay's Hostel, # 6 Richard St.
Tel.: 00501-651-1521

Bella Sombra Guest House Downtown, 36 Hydes Lane
Tel.: 00501-631-8989

Hotels der mittleren Preisklasse:

Belcove Hotel, 9 Regent Street West
Tel.: 00501-227-5248; www.belcove.com
Altes Hotel mit einfachen, aber gemütlichen Zimmern und gefliesten Bädern direkt am Haulover Creek, bietet Blick auf die Swing Bridge

Bellevue Hotel, 5 Southern Foreshore
Tel.: 00501-227-7051; fins@btl.net
35 bequeme und moderne Zimmer mit TV, am Meer gegenüber dem Tourist Village und in der Nähe des Bliss Center; Restaurant und Bar; Preise: US$ 30-55

Colton House, 9 Cork Street
Tel.: 00501-203-5729; www.coltonhouse.com
6 Zimmer in einem Kolonialhaus aus Holz von 1928, schöne Atmosphäre

Villa Boscardi, 6043 Manatee Drive, Buttonwood Bay
Tel.: 00501-223-1691; www.villaboscardi.com
4 Zimmer und 1 Bungalow im Norden Belize Citys

Hotels der gehobenen Klasse:

Belize Biltmore Plaza, Mile 3 Northern Highway
Tel.: 00501-223-2302; www.belizebiltmore.com
bequeme, saubere, ruhige Zimmer, guter Service

Princess Ramada Hotel, Newtown Barracks Road
Tel.: 00501-223-2670; www.princessbelize.com
Liegt direkt am Meer, Kino, Casino, Marina, Restaurant, Bar;

Hotels der oberen Preisklasse:

Radisson Fort George Hotel, 2 Marine Parade
Tel.: 00501-223-3333; www.radissonbelize.com
Viele Zimmer mit Seeblick, 2 Restaurants, Bar, eigenes Dock

Restaurants

Auch bei den Restaurants beschränke ich mich auf eine Auswahl. Zahlreiche chinesische Lokale bieten vergleichbare Speisen, sie aufzuzählen würde den Rahmen des Buches sprengen. Hier finden Sie – bis auf Chon Saan Palace - eine Auswahl der wenigen verbliebenen Wirtschaften in einheimischer Hand.

Gehobene Preisklasse:

The Smokey Mermaid, gegenüber vom Radisson Hotel
Tel.: 00501-223-4759
Exzellente Küche, Spezialität: Kokosnuss-Shrimps

Celebrity Restaurant und Bar, Marine Parade Blvd,
Tel.: 00501-223-7272
Gute Küche, Zutritt nur in „standes gemässer" Kleidung

Moderate Preise:

Chon Saan Palace, 1 Kelly Street
Tel.: 00501-223-3008
Chinesisches Restaurant, gute Fischgerichte

Riverside Tavern, North Front Street
Tel.: 00501-223-5640
Große Auswahl an Speisen, vom Burger bis zum saftigen Steak, gute Cocktails

Wet Lizard, 1 Fort Street (nahe Tourist Village)
Tel.: 00501-223-5973
Ein etwas anderes Lokal mit gutem Essen, schliesst 16.30 Uhr

Old Belize, 6 km westlich von Belize, direkt am Highway gelegen Tel.: 00501-222-4129; www.oldbelize.com
Leckeres Essen, Museum, Marina, am Meer gelegen

Preiswert:

Neries, Ecke Queen/Daly Street und 124 Freetown Road
Populäres Lokal, kreolisches Essen mit teilweise zähem Fleisch

Brodies, Ml. 2 Northern Highway
Tel.: 00501-223-5587
Gute Sandwiches und einheimische Küche im Supermarkt

Dit's Restaurant, 50 King Street
Tel.: 00501-227-3330
Einheimische Küche wie Kuhfusssuppe und wohlschmeckende Torten

Marva's, Water Lane
Tel.: 00501-207-4654
Wer zentralamerikanische Speisen mag, ist hier richtig.

Kultur/Nachtleben

Bliss Center
Kulturzentrum und Theater, Vorstellungen belizianischer und internationaler Künstler

Princess Hotel & Casino, Newton Barracks Road
Casino im Las-Vegas-Stil mit 400 Automaten, 2 Kinos, Nachtclub mit Diskothek (freitags und samstags)

Lokale mit Nachtclubcharakter sind außerdem **Club Level**, **Caesar's Place** und **Putt Putt**, alle in der Barracks Road.

Touren

Discovery Expeditions Belize, 5916 Manatee Drive
Tel.: 00501-223-0748; www.discoverybelize.com
Landesweiter Transportservice und Touren zu den Sehenswürdigkeiten im Inland

Sea Sports Belize, 83 North Front Str.
Tel.: 00501-223-5505
PADI Tauchzentrum, bietet Tauch- und Schnorcheltrips, Kurse und Ausrüstung, direkt neben Caye Caulker Water Taxi Terminal

Old Belize

6 km westlich von Belize, der Eingang ist direkt am Western Highway, befindet sich Old Belize. Einst als reines Museum zur Geschichte von Belize gebaut, hat sich in den letzten Jahren rund um das Gebäude ein Dienstleistungskomplex großen Ausmaßes direkt an der See entwickelt. Eine Marina und ein erstklassiges Restaurant (Sibun Bite) mit schöner Bar folgten.

Das Museum selbst ist sehr schön angelegt und gibt einen tiefgreifenden Einblick in die vielfältige Geschichte des Landes. Seit 2018 wird der Besucher mit einer Modelleisenbahn durch die Anlage gefahren. Ein Abstecher lohnt sich!

Bald darauf rückten schwere Maschinen an. In die See hinaus wurde eine gurkenähnliche Halbinsel gebaut (Cucumber Beach – Gurkenstrand), der kurz darauf eine typisch karibische Strandbar folgte. Heute vervollständigen Zipline und eine große Wasserrutsche das Freizeitvergnügen.

Für alle, die lieber einkaufen gehen, steht ein großer Souvenirladen mit umfangreichem Angebot bereit und für diejenigen, bei denen es etwas mehr sein darf gibt es auch einen Immobilienmakler.

Aber trotz des Drumherums, das Herz des Ganzen ist nach wie vor Old Belize, das schönste und informativste Museum im ganzen Land.

Belize Zoo

Was tun mit 20 halbzahmen Dschungelkindern?

Nachdem die Biologin Sharon Matola Anfang der Achtzigerjahre ihre Arbeit als Tierbetreuerin für einen Dokumentarfilm über den Urwald von Belize beendet hat und das Kamerateam abgereist ist, bleiben die Hauptdarsteller zurück – die Tiere.

Aber nicht nur das, auch Einheimische beginnen die Tierliebhaberin um Rat zu fragen, wenn sie ein verletztes oder verlassenes Tier im Regenwald finden.

Der Tierbestand der jungen Amerikanerin wächst rapide und so beschließt sie kurzerhand, einen Zoo zu gründen.

29 Meilen westlich von Belize City, den Eingang direkt am Western Highway, präsentiert der Belize Zoo heute rund 130 Tiere in 45 Arten. Auf zwölf Hektar mittelamerikanischem Regenwald bewohnen sie ungewöhnlich großzügige und naturnahe Anlagen. Das macht es dem Besucher zwar nicht leicht, sie zu entdecken, aber dafür kann man sie dann fast wie in freier Wildbahn erleben. Auch die meisten Belizianer lernen hier erstmals die Tiere ihrer Heimat kennen.

Hauptattraktion ist sicherlich der schwarze Jaguar. Aber auch die Begegnung mit dem großen Jabiru, den witzigen Ottern oder den brüllenden Affen machen den Zoo zum Erlebnis.

Der liebevolle Ausbau und die witzige, kinderfreundliche Ausschilderung der Wege und Anlagen machen den Belize Zoo auch zu einem wichtigen Lern- und Erziehungsinstrument im Umgang mit Tieren. (Eintrittspreis pro Person: US$ 15)

Ambergris Caye

Allgemeines/Anreise

Ambergris Caye, insbesondere der Hauptort **San Pedro**, ist kein unentdecktes Paradies mehr. Tourismus ist heute die Industrie Nummer 1 auf einer Insel, die einst nur von einigen Fischern besiedelt war.

Die Anreise erfolgt entweder direkt vom internationalen Flughafen in Ladyville oder vom „Flughäfchen“ in Belize City mit einer der kleinen Propellermaschinen von Tropic Air oder Maya Island Air. Alternativ kann man in Belize City eines der Wassertaxis besteigen, welche die Strecke in ca. 60 Minuten bewältigen. Abfahrt dieser Schnellboote ist direkt an der Swing Bridge (Caye Caulker Water Taxi Association – CCWA) oder 200 Meter weiter östlich Richtung Tourist Village (San Pedro Express). Die Hin- und Rückfahrt kostet je nach Anbieter ab 15 US$.

Mehr als die Hälfte aller Touristen in Belize (Kreuzfahrtschiff-Passagiere nicht mitgezählt) besuchen San Pedro. Viele von ihnen fliegen direkt vom internationalen Flughafen hinüber und verlassen die Insel Ambergris Caye (Hauptstadt San Pedro) während des Urlaubes für keine Sekunde. Was für den Deutschen Mallorca ist, ist für den Amerikaner San Pedro – so lässt sich das Verhältnis ganz gut auf einen Nenner bringen. Englischsprachig, nur zwei Flugstunden entfernt und im Vergleich zu den USA noch relativ preiswert, zieht es die Amerikaner in Scharen hierher.

Es ist noch nicht der aufgedunsene Tourismus mit seinen Millionen von All-Inclusive-Touristen mit den orangefarbenen, blauen oder roten Bändchen am Arm, bezeichnend die Buchungsklasse (mit Alkohol, mit Alkohol und Zigaretten oder beides plus Liege am Strand), den man von Cancun kennt.

Aber die Tendenz ist erkennbar. Eigentumswohnungen, Hotelanlagen und Apartments schießen wie Pilze aus dem Boden, die Expansion in den, bis vor wenigen Jahren noch unangetasteten, Norden und Süden der Insel wird mit beängstigender Geschwindigkeit vorangetrieben.

Kurioserweise scheint das sprunghaft steigende Angebot an Zimmern die Preise nicht zu entlasten, im Gegenteil, diese gehen stetig nach oben.

War es bis 2005 nahezu unmöglich, eine Unterkunft für mehr als 350 US$ pro Nacht zu finden, so gelingt dieses Unterfangen heute mühelos. Rucksacktouristen machen schon lange einen großen Bogen um San Pedro, sie fühlen sich in Caye Caulker wesentlich besser aufgehoben.

Wer allerdings den amerikanischen Stil mag, Nachtleben in verschiedenen Nuancen erleben oder einfach auch im Urlaub nicht ganz dem Trubel entfliehen will und dazu noch ein exzellentes Angebot an Wassersportmöglichkeiten zu schätzen weiß, der ist in San Pedro definitiv gut aufgehoben.

Tour über die Insel

Man kann sich auf den ersten Blick in San Pedro verlieben. Bunt angemalte Holzhäuser, Zementbauten nicht höher als drei Stockwerke säumen die drei engen Straßen, die San Pedro von

Nord nach Süd durchschneiden: Front Street, Middle Street und Back Street.

Ruby`s, **Wahoos Lounge**, **Calientes Restaurant, Elvies Kitchen**: Kneipe an Kneipe tummelt sich, nur von Eiscafés, Souvenirläden und Hoteleingängen unterbrochen. Die Atmosphäre ist entspannt und überträgt sich schnell auf den Besucher.

Obwohl die Dimensionen der Straßen nicht für Autos ausgelegt waren und sind, tummeln sich PKW und Pick-up neben Golfcart und Motorroller in schön gemächlichen Geschwindigkeiten, ohne nerviges Gehupe und Gedränge, so dass das ruhige Flair nicht gestört wird.

Die Front Street wurde vor einigen Jahren umbenannt in Caribena Street, doch niemand mag sich so richtig daran gewöhnen.

Schlendert man diese weiter nördlich findet man **Daddy's Rock and Nite Club** und **Jaguar's Nite Club**, Clubs, die sich auf beiden Seiten der Straße direkt gegenüberliegen, bevor man auf der rechten Seite auf das bekannte **Fido's**, einer Kombination aus Bar und Restaurant stößt.

Weiter geht es zum **Mayan Princess**, der **Belize Bank**, den **Phoenix Condos** und **Paradise Villas.**

In kurzer Entfernung, östlich hinter diesen Gebäuden, erreichbar durch schmale Durchgänge, ist die Karibik. Nur wenige hundert Meter draußen befindet sich das Riff, zu erkennen am Weiß der sich brechenden Wellen.

So einladend der Anblick sein mag, es empfiehlt sich nicht, zu versuchen, das Riff vom Ufer aus schwimmend zu erreichen. Ein hohes Aufkommen an Schiffsverkehr hat schon manchen Schwimmer schwer verletzt oder gar das Leben gekostet.

Auch die nächste Hauptverbindung zwischen Nord und Süd, die Middle Street, auch Pescador Drive genannt, beherbergt eine Vielzahl von Kneipen wie **Elvi's Kitchen**, **Cocina Caramba** oder **The Reef Restaurant**, um nur einige zu nennen. Weiter nördlich wandelt sich das Bild langsam, es tauchen die ersten Wohnhäuser auf, dazwischen kleine Läden, der San-Pedro-Supermarkt, eine Schule und ein Spielplatz.

Unweit von hier trifft man auf die neu erbaute Brücke über den Kanal, die die alte Fähre abgelöst hat und jetzt San Pedro mit dem Norden von Ambergris Caye verbindet. Der Fortschritt ist nicht für alle gedacht, für PKWs und Pick-ups ist hier die Straße zu Ende.

Das Passieren der Brücke ist kostenpflichtig. Golfcarts zahlen 5 $, Fußgänger werden mit 1 $ zur Kasse gebeten.

Nach der Brücke wird alles weitläufiger und man beginnt in Anbetracht der Entfernungen und der Temperaturen die Hilfe eines batteriebetriebenen Golfcarts zu schätzen.

Hier reichen sich die Resorts, gelegentlich gestoppt von Baustellen für weitere Betten, die Hände: **Captain Morgan's Retreat**, der **Essene Way, Belizean Shores, Seascape**, **Las Terrazas, Journey's End Resort**, **das** Restaurant **Rendezvous**, **Rojo Lounge** und **Azul Resort**, **Portofino** und **Mata Chica**, bis man nach einer langen Fahrt das **Blue Reef Island Resort** mit dem dahinter liegenden **Robles Point** erreicht, die letzte Station, die mit dem Golfcart anfahrbar ist.

Empfehlenswerter als diese Route ist der Weg auf der Front oder der Middle Street in südliche Richtung.

Eine Ansammlung von Hotels und anderen Unternehmen befinden sich unmittelbar an San Pedros kleinem Flughafen: **Sun Breeze Beach Hotel**, **The Palms**, **Ramon's Village** sowie das grell karibisch-bunt gestrichene und clever benannte **Steve & Becky's Cute Little Hotel**.

Wir schlendern weiter zum **Belize Yacht Club, Changes in Latitudes B&B, Exotic Caye**, **Corona Del Mar, Coconuts Hotel and Casino** und **Caribbean Villas**. Auch der **Island Supermarket,** San Pedros größter Einkaufsmarkt, liegt am Weg.

Weiter südlich beginnt auch **San Pablo** sich vom Fischen auf das Geschäft mit den Besuchern umzustellen. Das Restaurant **Casa Picasso**, **Caye Coffee,** eine Wurstfabrik und zahlreiche andere Geschäfte haben sich angesiedelt. Und natürlich fehlen auch die Hotelanlagen, Apartments und Time Share Bungalows nicht. **Villas at Banyan Bay**, **Banana Beach**, **Mata Rock**, **Royal Palm Beach Club**, **Victoria House**, **Royal Caribbean**, **Caribe Island Resort**, **Sunset Beach Resort** und **Miramar** buhlen um Besucher und Investoren.

Wir sind jetzt ungefähr 5 Kilometer südlich von San Pedro; aber nur auf der Karte - das Preisniveau liegt keinesfalls soweit ab.

Inselleben Ambergris Caye

Pflanzen- und Tierwelt

Die dünne, von Sand bedeckte Kalksteinschicht, die die Erde auf Ambergris Caye dominiert, ist nicht gerade die ideale Voraussetzung für üppigen Pflanzenwuchs. Aber die Erde trägt Kokosnusspalmen und bietet damit dem Besucher die Pflanze, die Teil des karibischen Traumurlaubes ist.

Die dominierenden und für den ökologischen Kreislauf bedeutendsten Pflanzen sind allerdings die roten, weißen und schwarzen **Mangroven**. Deren Wurzelsystem ist das Zuhause unzähliger kleiner Wasserlebewesen und Fische und damit natürlich auch Anziehungspunkt verschiedenster Vögel. Außerdem verhindert es, dass die flache Insel einfach vom Meer weggewaschen wird.

Die Insel beherbergt eine nennenswerte Anzahl an **Australischen Kiefern**, **Acacia**, **Coco Plum** und **Sapodilla-Bäumen**. Und natürlich fehlen die typisch tropischen **Hibiskus**, **Bougainvillea** und **Poinsettia (Weihnachtsstern)** nicht in der Pflanzenwelt von Ambergris Caye.

Abgeschnitten von der sich rasant entwickelnden Zivilisation im Norden und Süden der Insel, sind wild lebende Säugetiere zu Hause. Der **Weißschwanzhirsch**, **Wildschweine** und **Coati-mundis (Nasenbären)** können gelegentlich genauso beobachtet werden wie Ozelot und Jaguarundi.

Einheimische behaupten steif und fest, dass im Norden von Ambergris Caye auch der Jaguar zu finden wäre. **Wish-willies**, wegen ihrer Fähigkeit über das Wasser zu rennen auch Jesus-Renner genannt, **Leguane**, verschiedene **Schildkröten**- (vor allem die **Seeschildkröte** im Norden) und zwei Krokodilarten (**amerikanisches Salzwasserkrokodil** und **Morelet's**) sind nichts Ungewöhnliches auf Ambergris Caye.

Nicht nur an Land, auch in der Luft ist eine ganze Menge Leben. Liebhaber können mehr als 250 verschiedene Vogelarten auf der Insel entdecken und beobachten. Jene Besucher, die nicht das scharfe Auge des Vogelbeobachters tragen, werden die stark vertretenen **braunen Pelikane** und die **Fregattvögel** keinesfalls übersehen.

Unter und in den Wellen

Es braucht einen speziellen Absatz um nur kurz und zusammenfassend über die Wasserwelt rund um Ambergris Caye zu schreiben, aber sicher könnte man auch Seiten, wenn nicht sogar ganze Bücher nur mit diesem Thema füllen.

Allein die Haie sind mit mehreren Arten vertreten. Am meisten verbreitet sind **Ammenhaie**, aber auch **Hammer-**, **Bullen-, Tiger-, Zitronen- und Schwarzspitzenhaie** sind anzutreffen.

Bullenhaie kommen manchmal in einer Anzahl vor, die sie dann zur Plage rund um die Insel werden lassen, zumal diese Haiart gelegentlich auch Menschen angreift. **Stachel-** und **Adlerrochen** sind ebenso nichts Ungewöhnliches wie **Barrakudas, Knochenfische,** verschiedene Arten **Zackenbarsche, Tarpune, Marlins, Wahoos** und **Schnapperfische.**

Vor allem Barrakudas, Knochenfische und Schnapperfische befinden sich am Abend auf den Tellern der Besucher, aber auch Hummer, Muscheln und Schneckenmuscheln welche unweit vom Ufer „geerntet werden".

Damit aber nicht genug. **Delfine** können oftmals vom Ufer aus beobachtet werden, sie folgen gern Booten sowie auch die **Manatis**.

Und auch der sanfte Riese der Meere, der **Walhai**, taucht auf dem Weg in seine Paarungsgebiete, die südlich vor Belize gelegenen Inseln, sporadisch vor Ambergris Caye auf.

Die Fischpopulation in diesem Teil der Karibik ist derart dicht, und die Sicht in dem nahezu glasklaren Wasser so gut, dass Schnorchler beim Beobachten der Unterwasserwelt den Tauchern gegenüber kaum benachteiligt sind.

Maya-Stätten

Auch die Maya hatten offensichtlich verschiedene Geschmäcker. Während der Großteil dieses alten Volkes auf dem Festland dem Broterwerb als Farmer nachging, scheinen einige die Vorzüge des Meeres genossen zu haben. Auf alle Fälle haben die Maya auch ihre Spuren auf Ambergris Caye hinterlassen, wenn auch weit entfernt von den Dimensionen auf dem Festland.

Am südlichen Ende der Insel liegt, leicht zu finden aber nicht ganz so leicht erreichbar, **Marco Gonzales.** Ein ausgebauter Wanderweg mit einer Brücke ist seit längerem geplant, bis heute allerdings Zukunft.

Im Norden der Insel liegen mit **Chac Balam** und **Santa Cruz** zwei weitere kleine Maya-Stätten. Diese müssen mit dem Boot angefahren werden, was die Möglichkeit zu einem wunderbaren Ausflug mit den verschiedenen Nuancen wie Bootsfahrt, Schwimmen und Kultur gibt.

Ambergris Caye in der Übersicht

Hotels / Resorts / Lodges – eine Auswahl

(Auswahl von Nord nach Süd in San Pedro)

SevenSeas Resort $$$, Boca Del Rio Drive,
Tel.: 00501-226-2382;
www.AmbergrisCaye.com/sevenseas/index.html
Strandlage, Pool

The Tides Beach Resort $$$, Boca Del Rio Drive,
Tel.: 00501-226-2283;
www.ambergriscaye.com/tides/, Strandlage,

Blue Tang Inn $$$, Tel.: 00501-226-2326;
www.bluetanginn.com
Strandlage, Pool, Küche, Frühstück im Zimmerpreis;

Aqua Marina Suites $$$, Barrier Reef Drive
Tel.: 00501-226-4675; www.aquamarinesuites.com;
Kleiner Pool, einige Zimmer mit Seeblick;

Conch Shell, $, Barrier Reef Drive, Tel.: 00501-226-2062;
E-Mail: conchshell@btl.net
Strandlage, einfache Zimmer;

Lily's Hotel $, Barrier Reef Drive, Tel.: 00501-226-2059,
www.ambergriscaye.com/lilys/index.html
Einfache, kleine Zimmer mit Seeblick in der 2. Etage

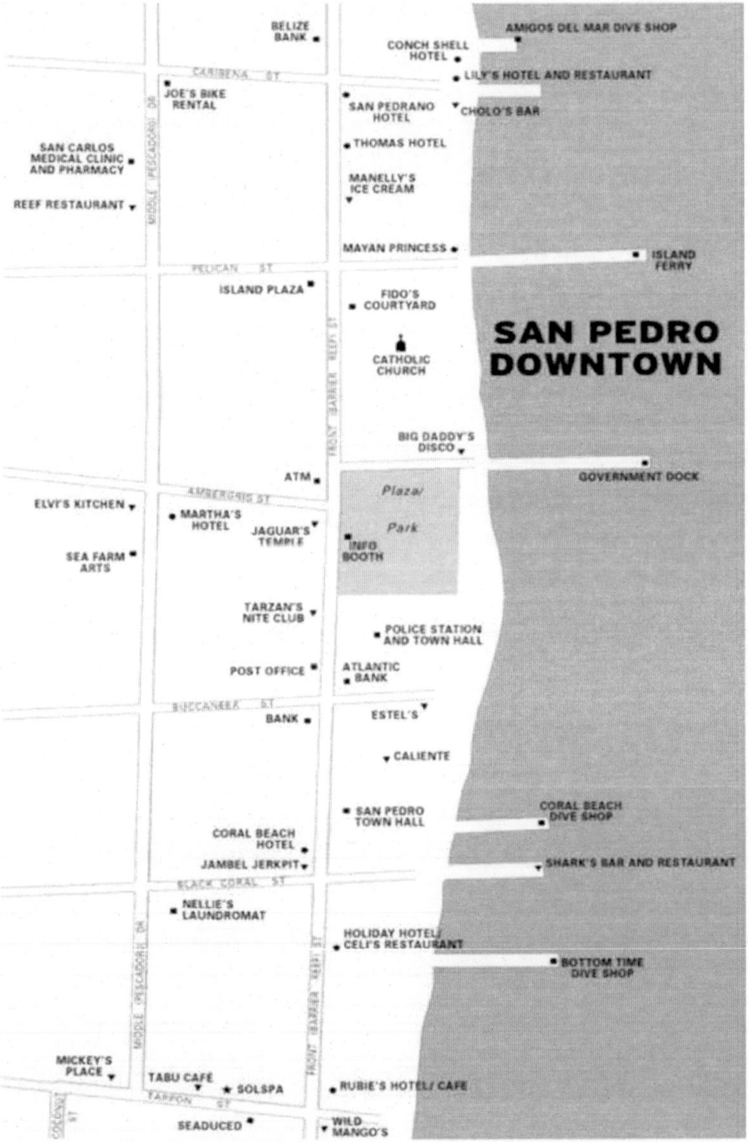

Plan San Pedro Downtown

Mayan Princess $$$, Barrier Reef Drive, Tel.: 00501-226-2778; www.mayan-princesshotel.com
Appartments kleiner Küche, TV, Strandlage;

Martha's Hotel $, Pescador Drive und Ambergris Street, Tel.: 00501-226-2053, www.AmbergrisCaye.com/marthas/index.html

Coral Beach Hotel $, Barrier Reef Drive, Tel.: 00501-226-2013, www.coralbeachhotel.com
Kleine, einfache Zimmer

Holiday Hotel $$$, Barrier Reef Drive
Tel.: 00501-226-2014, www.ambergriscaye.com/holidayhotel/
Seit 1965, einige Zimmer mit Minibar;

Ruby's Hotel $$, Barrier Reef Drive
Tel.: 00501-226-2063,
www.AmbergrisCaye.com/rubys/index.html
Einfache, kleine, aber saubere Zimmer, manche mit Gemeinschaftsbad, Restaurant im 1. Stockwerk

(Auswahl von der südlichen Ecke San Pedros bis zum Flughafen):

Sun Breeze Beach Hotel $$, Coconut Drive, Tel.: 00501-226-2191; www.sunbreeze.net
Strandlage, Behindertenzimmer, Pool, TV, Telefon;

Belizean Reef Suites $$$, 7 Coconut Drive Tel.: 00501-226-2582; www.ambergriscaye.com/bzreef/index.html
Strandlage, große Zimmer, keine Kinder unter 10 Jahren;

The Palms Ocean Front Suites $$$$, Coconut Drive
Tel.: 00501-226-3322; www.belizepalms.com
Attraktive Räume, Pool, Sandstrand;

Corona Del Mar Hotel and Apartments $$$, Coconut Drive
Tel.: 00501-226-2055, www.ambergriscaye.com/coronadelmar
12 Zimmer und 4 Apartments am Wasser;

Pedro's Backpackers Inn $, Seagrape Drive Tel.: 00501-226-3825; www.backpackersbelize.com

Sportsbar mit Pooltisch und Großbild-TV;

Changes in Latitudes B&B $$$, Coconut Drive, Tel./Fax: 00501-226-2986; www.ambergriscaye.com/latitudes/

Nahe zum Wasser und Stadtzentrum; kleine aber gemütliche und saubere Zimmer, belizianisches Frühstück

Coral Bay Villas $$$$, Coconut Drive, Tel.: 00501-226-3003, www.ambergriscaye.com/coralbayvillas/index.html

sehr schöne Condos am Strand

Caribbean Villas $$, Coconut Drive, Tel.: 00501-226-2715; www.caribbeanvillashotel.com

Sandstrand, Pier und künstliches Riff zum Schnorcheln, Fahrräder kostenlos für Gäste

Xanadu Island Resort **$$$,** Tel.: 00501-226-2814; www.xanaduResort-belize.com

Kajak, Kanu und Fahrräder kostenlos, sehr schön eingerichtete Condos, TV, Ventilatoren, Pool;

(Auswahl Strand, südlich von San Pedro)

von Nord nach Süd

Grand Colony Island Villas $$$$, Coconut Drive, Tel.: 00501-226-3739;, www.grandcolonyvillas.com

21 Luxusvillen verschiedener Größen an schönem Strand;

Banana Beach $$$, Coconut Drive, Tel.: 00501-226-3890; www.bananabeach.com

35 Zimmer im mexikanischen Stil in einem Haus am Strand, 2 Pools, Restaurant, Autovermietung, Tauchen; Preise:

Mata Rocks **$$$,** Coconut Drive Tel.: 00501-226-2336; www.matarocks.com

11 Zimmer und 2 Suites (mit Einbauküchen), Strandlage 2,5 km südlich des Stadtzentrums;

Royal Palm Beach Club $$, Coconut Drive,
Tel./Fax: 00501-226-3504; www.mandmrentalsbelize.com
31 Ein- und Zweizimmer-Häuser, Pool, Pier, Tauchen;

Victoria House $$$ / $$$$, Coconut Drive,
www.victoria-house.com
Schönes Hotel gehobener Kategorie, 3 km südlich von San Pedro, verschiedene Unterkünfte vom Zimmer im Hauptgebäude über Cabanas bis zur Luxus-Villa mit eigenem Pool, Sandstrand, Restaurant, Strandbar, 2 Pools, Souvenirladen und Tauchen; schöner Spot zum Heiraten

Sunset Beach Resort $$$, Coconut Drive,
Tel./Fax: 00501-226-3504; www.mandmrentalsbelize.com
Eines der südlichsten Hotels der Insel.

(Im Norden der Insel)

Die Hotels befinden sich alle nördlich des Kanals und sind in der Reihenfolge von Süden nach Norden gelistet.

El Pescador $$$$, Tel.: 00501-226-2398,
www.elpescador.com
Ambergris Cayes führendes Resort für Fischer und Angler, 14 gemütliche Zimmer in zweistöckigem Haus im Kolonialstil, dazu neue 2- und 3-Zimmer-Luxusvillen;

Capricorn $$$, Tel.: 00501-226-2809;
www.ambergriscaye.com/capricorn/index.html
Gemütliche Holzcabanas am Meer

Captain Morgan's Retreat $$$, www.belizevacation.com,
Cabanas und Condos am Strand, Pool;

Belizean Shores $$$, Tel.: 00501-226-2355;
www.belizeanshores.com
Condos an schönem Strand mit Bar im Wasser, großer Pool

Azul Resort $$$$, Tel.: 00501-226-4012; www.azulbelize.com,
2 exklusive, zweistöckige Villas am Strand – vom Feinsten!
Pool, Computer, grosser-Flat-Screen-TV, Bose Theater System, Badewanne auf dem Dach … was will man mehr?

Journey's End $$, www.journeysendresort.com
44 Zimmer und Cabanas am Meer mit Pool, Tennisplatz, Tauchladen, Restaurant, Bar, liegt in Riffnähe – man kann mit den kostenlos zur Verfügung stehenden Kajaks in wenigen Minuten an einem traumhaften Schnorchelplatz sein;

Portofino $$$, Tel.: 00501-220-5096; www.portofinobelize.com
Palmblatt-Dach-Cabanas am Strand, Restaurant, Hochzeitsausrichter, Hochzeitssuite mit Whirlpool

La Perla del Caribe $$$$, Tel.: 00501-220-5733; www.laperlabelize.com
2- bis 5-Raum-Luxusvillen des höchsten Standards;

Blue Reef Island Resort $$$$, www.bluereefresort.com
13 km nördlich von San Pedro, sehr schöne 1- und 2-Zimmer-Condos mit Meeresblick, Pool, TV, Klimaanlage, Restaurant;

Tranquility Bay $$$$, www.tranquilitybayResort.com
20 km nördlich von San Pedro, 2- und 4-Bett-Zimmer, kein TV und Telefon – geeignet für alle, die wirklich Ruhe haben wollen;

Cayo Espanto $$$$, www.aprivateisland.com
US$ 16000 zahlt 1 Paar um auf der kleinen privaten Insel 5 km westlich von San Pedro nahezu gewindelt zu werden.

Maximal 14 Besucher werden empfangen, die Zahl der Bediensteten ist mehr als doppelt so hoch und jedem Pärchen steht ein eigener Diener zur Verfügung.

Die Villas sind mit 139 Quadratmetern reichlich bemessen und jede hat ihren eigenen kleinen Pool.

Außer Champagner und Wein, sind Essen und Trinken im Preis enthalten, egal ob am Bett oder Pool serviert wird.

Cayo Espanto ist gut gebucht und für diejenigen, die das notwendige Kleingeld haben, sicher einen Besuch wert.

Restaurants / Bars

Gute Restaurants gibt es in San Pedro viele. Ich erspare dem Leser eine seitenweise Auflistung. Bummelt einfach gemütlich durch das Stadtzentrum von San Pedro. Die vielfältigen Gerüche, unterschiedlichsten Angebote und das Ambiente lassen ihre Reize spielen und locken die Hungrigen und Neugierigen zu den entsprechenden Plätzen.

Mit dem Nachtleben sieht es da schon etwas anders aus. San Pedro ist zwar die Nachtmetropole Belizes, aber nicht die der Karibik. Üblicherweise besteht das Nachtleben aus ein paar Drinks und einem späten Abendessen in einem der Lokale San Pedros und dem anschließenden Besuch eines Clubs oder einer der Strandbars. Einige davon haben die Pforten bis 5 Uhr morgens geöffnet und der Eine oder Andere hat es geschafft nur mit dem Ausschank von Getränken gutes Geschäft zu generieren.

Big Daddy's und das genau gegenüber gelegene **Jaguar's Hop** sind dabei die wahrscheinlich heißesten Läden der Insel. Aber auch **BC's**, **Fido's**, **Wet Willy's** and die **Tackle Box** sind gut besucht und servieren kalte Biere und Cocktails bis weit nach Mitternacht.

Wer mehr auf die romantische Nacht am Strand steht, findet bei einem nächtlichen Bummel entlang des Ufers eine Anzahl Bars. Am populärsten dabei sind die **Pier Lounge** im Spindrift Hotel, **Ramon's Purple Parrot**, **Exotic Caye's Crazy Canucks**, **Coconut's Bar** oder **Mata Rocks' Squirrel's Nest Beach Bar**.

Wassersport

Schnorcheln:
Ramon's Village; www.ramons.com

Tauchen:
Patojo's Scuba Center, Tel.: 00501-226-2283
Portofino, Tel.: 00501-220- 5096; www.portofinobelize.com
Victoria House, Coconut Drive; www.victoria-house.com

Fischen:

Omar Arceo,	Tel.: 00501-226-2410
Gil Gonzalez,	Tel.: 00501-226-2118
Luis Caliz,	Tel.: 00501-226-2785
Severo Guerrero	Tel.: 00501-226-2324

Caye Caulker

Caye Caulkers Größe ist überschaubar. Egal ob man mit dem Wassertaxi der „Ocean Ferry“ inmitten der Insel oder mit „San Pedro Express“ gleich nebenan anlegt, im unmittelbaren Umkreis vom Pier befinden sich Hotels und Restaurants.

Wer genau weiß, welche Unterkunft angesteuert werden soll, übergibt sein Gepäck einem der wartenden Golfcart-Fahrer und nennt ihm die Unterkunft. Nur wenige Minuten später ist man am Ziel und um rund US$ 5 leichter.

Gleiches gilt für diejenigen, die mit dem Flugzeug auf dem kleinen Flugplatz im südlichen Teil der Insel landen.

Das Herz der Insel ist zwischen den beiden Piers der Wassertaxen. Hier wechseln sich Restaurants, Bars, Reiseveranstalter, Souvenirläden, Internetcafes und Hotels ab.

Während tagsüber nur wenige Menschen auf den sandigen Wegen anzutreffen sind, wird dieser Teil bei Einbruch der Dunkelheit und den damit sachte sinkenden Temperaturen lebendig.

Die Bars sind mit Happy Hour auf Kundenwerbung, die heimgekehrten Fischer putzen sehr zur Freude zahlreicher Vögel am Strand ihren Tagesfang, Touristen schlendern von Laden zu Laden und Kneipe zu Kneipe und prüfen die Angebote. Alles geht gemütlich und langsam zu, keine Autos unterbrechen die gemächliche Atmosphäre. „Gehe langsam“, das Motto der Insel, deren Bürgermeister selbst barfuß geht, bringt die Stimmung auf den Punkt. Ganz nebenbei, nur ca. 2000 Bewohner sind freundliche Gastgeber von zwischen 200 und 500 Besuchern pro Tag.

Die Preise auf Caye Caulker sind (noch) deutlich unter denen der großen Schwester Ambergris Caye. So ist es nicht verwunderlich, dass Rucksacktouristen und Gäste jüngeren Alters diesen Spot bevorzugen.

Aber nicht nur die Preise machen Caye Caulker attraktiv. Hier hat man noch immer das Gefühl einer verträumten karibischen Insel, was San Pedro mittlerweile abgeht.

Wer allerdings den typischen karibischen Sandstrand sucht, ist auch hier falsch. Der Boden in Ufernähe des Wassers entlang dem kleinen Sandgürtel der Insel ist weitestgehend bewachsen. Um dem abzuhelfen wurden Holzpiers ins Meer gebaut, von denen das Baden im glasklaren Wasser schmackhaft gemacht werden soll. Die meisten Touristen baden am Split, der Caye Caulker in zwei Teile schneidet. Hier kann man ohne Seegras direkt in die warmen Fluten eintauchen.

Das Badevergnügen am Split wird durch das „Lazy Lizard“, eine ganztägig geöffnete Bar, und einen kleinen Sprungturm vervollkommnet.

Fazit: Caye Caulker ist einen Besuch wert!

Anreise

Eine Möglichkeit nach Caye Caulker zu gelangen ist per Flugzeug von Belize City oder vom internationalem Flughafen in Ladyville. Tropic Air und Maya Island Air fliegen die Insel in regelmäßigen Abständen an. Die Preise sind vergleichbar mit denen nach San Pedro: US$ 75 von Belize City, US$ 85 von Ladyville.

Die andere Variante ist die Fahrt mit dem Schnellboot von Belize City. Nachdem jahrelang die „Ocean Ferry“ (ehemals: „Caye Caulker Water Taxi Association“) das Monopol in diesem Geschäft hatte, bietet nun mit „San Pedro Express“ auch ein Mitbewerber die 45-Minuten-Tour an.

Die „Ocean Ferry“ hat ihr Terminal direkt an der Swing Bridge in Belize City, „San Pedro Express” startet aus der alten Sugar Mill, am Rande des Tourist Village.

Die Boote fahren nur tagsüber und da im 2 - Stundentakt. Die Tour wird je nach Anbieter ab US$ 15 angeboten. Wer Hin- und Rückfahrt zusammen bucht, kommt mit US$ 12 davon.

Weitere Informationen, genaue Fahrtzeiten und eventuell geänderte Preise findet man unter www.belizewatertaxi.com.

Inselleben Caye Caulker

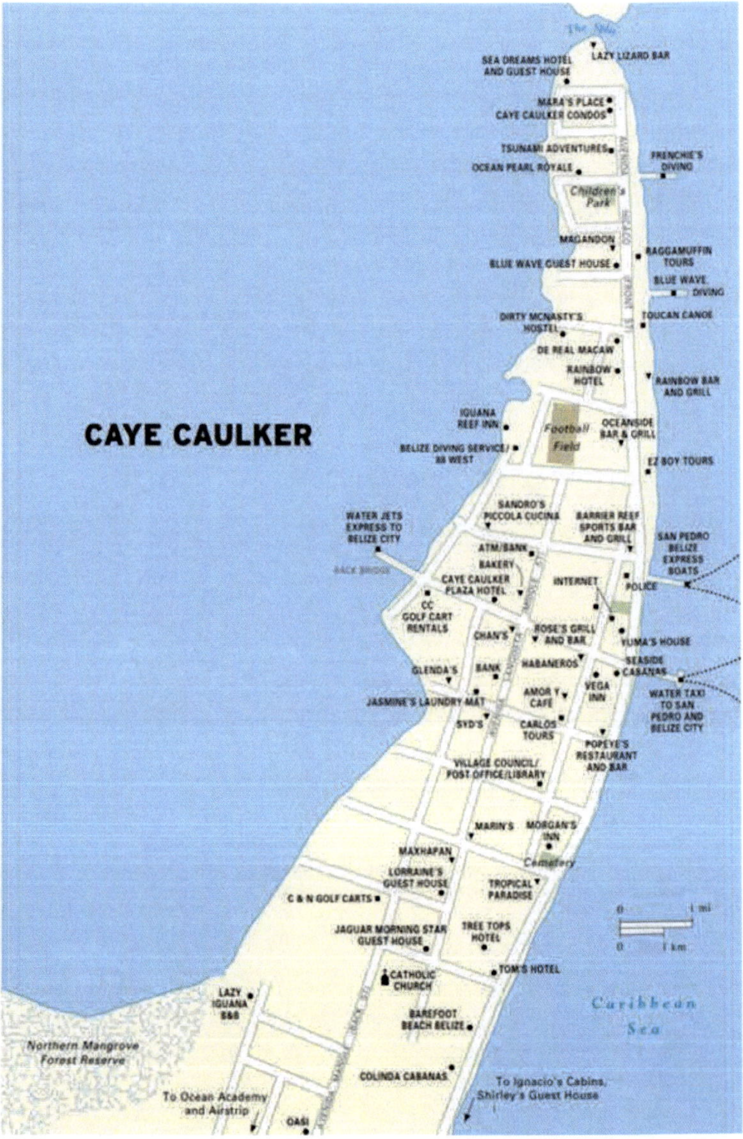

Karte Caye Caulker

Caye Caulker in der Übersicht

Hotels / Resorts / Lodges – eine Auswahl

(Anordnung nördlich oder südlich von der Anlegestelle der San Pedro Express Water Taxi - SPWT)

Nördlich der Anlegestelle der SPWT

Iguana Reef Inn, $$$ Middle Street, neben dem Fußballfeld
Tel.: 00501-226-0213; www.iguanareefinn.com
Erstklassiges Hotel in Caye Caulker, 12 Zimmer mit Klimaanlage, Pool, Frühstück im Preis, keine Kinder unter 10 Jahren;

Barefoot Beach Belize Resort $$
Tel.: 00501-226-0205; www.barefootbeachbelize.com
3 Zimmer, 1 Suite und 3 Cottages am Strand; schöne, gepflegte Unterkunft

Caye Caulker Beach Hotel $$
Tel.: 00501-226-2008; www.cayecaulkerbeachhotel.com
Zimmer mit Meerblick verfügbar, gute Laget

Caye Caulker Condos, $$$ Front Street
Tel.: 00501-226-0072; www.cayecaulkercondos.com
8 gemütliche Zimmer mit kleiner Küche, eigene Veranda mit Seeblick, TV, freie Fahrradnutzung;

Caye Caulker Plaza Hotel $$
Tel.: 00501-226-0780; www.cayecaulkerplazahotel.com
groesstes Hotel auf der Insel, zentral gelegen, Zimmer mit Meerblick verfügbar

Trends Beachfront Hotel $
Tel.: 00501-226-0094; www.trendsbze.com
Strandlage, direkt rechts an der Anlegestelle CCWTA;

Yuma's House $
Tel.: 00501-226-0351; www.cayecaulker.org/tina/
Strandlage, gleich neben Trends Beachfront Hotel;

Südlich der Anlegestelle der SPWT

Seaside Cabanas $$
Tel.: 00501-226-0498; www.seasidecabanas.com
Direkt links neben dem Pier, eines der Top-Hotels der Insel, unverkennbar senffarben gestrichen, 15 Zimmer und 1 Suite;

Lorreines Guesthouse $
Tel.: 00501-610-2030; Einfache aber geräumige Zimmer im Holzbungalow am Strand;

Tree Tops Guesthouse $$
Tel.: 00501-226-0240; www.treetopsbelize.com
6 Zimmer und 1 Luxussuite mit Blick über die Insel und das Meer, Strandnähe, TV und Minibar in allen Räumen

Jaguar Morning Star $$
Tel.: 00501-226-0347; www.jaguarmorningstar.com
Liegt hinter Tree Tops, 2 Räume im 3. Geschoss bieten tollen Blick über die Insel und auf das Meer

Shirley's Guesthouse, $$ Südl. Ende nahe dem Naturreservat
Tel.: 00501-226-0145; www.shirleysguesthouse.com
Cabanas und Zimmer mit Seeblick, manche mit Gemeinschaftsbad

Restaurants

Mehr als 40 Restaurants, viele davon ohne Wände und mit nur ein paar Holztischen, bieten gut schmeckende Mahlzeiten in verschiedenen Preisklassen. Hier folgt eine AuswahL:

Cafe Amore, Middle Street; Geöffnet von 6-11 Uhr am Morgen für Frühstück, Geheimtipp für Frühaufsteher und Genießer, hat seinen Preis

Fantasy Dining Wine N' Dine, links von der SPWT-Anlegestelle; Ganztägig geöffnet, gutes Angebot und gute Alternative für alle, die im Cafe Amore keinen Platz finden

Glenda's, ein weiterer Tipp fürs Frühstück mit Zimtrolle, Johnny-Keksen und frisch gepressten Säften

Habañeros, Middle Street, Tel.: 00501-226-0486
Sehr gute Küche, Pizza und Fisch sind sehr empfehlenswert, es hat hier aber alles seinen Preis

Rainbow Grill & Bar, Tel.: 00501-226-0281
Strandrestaurant, ca. 100 Meter nördlich an der Anlegestelle von SPWT, Es werden hervorragend schmeckende gegrillte und gebratene Meerestiere serviert (Fisch, Shrimps).
Roses Bar and Grill, Front Street, Tel.: 00501-226-0407
in der Naehe von "Fantasy Dining", beste Fischgerichte auf CC

Syd's. Middle Street, Tel.: 00501-226-0294
Der Tipp für belizianische und mexikanische Küche auf der Insel (Reis und Bohnen, Huhnvariationen)

Wish Willys Bar and Grill, letzte Abzweigung vor dem Split nach links abbiegen, urige-Bar mit guter Küche

Lazy Lizard, direkt am Split; ganztägig geöffnete Bar am Strand mit Bieren, einheimischen Rumdrinks und Cocktails

Tauchen, Schnorcheln, Fischen

Raggamuffin Tours, Tel.: 00501-226-0348
www.raggamuffintours.com; Schnorcheltour mit dem Segelboot, 3 Stopps bei Hol Chan, Coral Garden, Shark Rey Alley; Rumcocktail, Früchte für US$ 55

Tsunami Adventures, Tel.: 00501-226-0462
www.tsunamiadventures.com; Schnorcheltour mit dem Motorboot zu Hol Chan für US$ 45 inklusive Mittagessen

Carlos Tours, Tel.: 00501-226-0058
Mit Carlos Schnorcheln (2 oder 3 Stopps) heißt: mit hoher Wahrscheinlichkeit Manatis sehen. Start ist täglich um 9 Uhr am Morgen. In der Saison sollte man vorbuchen. Heißer Tipp!

Frenchie's Diving, Tel.: 00501-226-0234
Bietet ebenso wie **Belize Diving Services** , (Tel.: 00501-226-0143) Tauchtouren zu Hol Chan, Lighthouse Reef und anderen guten Tauchspots an

Wer **Hochseefischen** liebt, kann einen der Fischer am Strand ansprechen und mit ihm Fahrtzeit, -ziel und Preis aushandeln.

Caye Chapel

Caye Chapel ist eine private Insel, nur wenige Minuten südlich von Caye Caulker und 20 km vor Belize City gelegen.

Wenn notwendig, was bedeutet, wenn Passagiere für Caye Chapel an Bord des Schnellbootes nach Caye Caulker oder San Pedro sind, wird an der Anlegestelle der Insel ein kurzer Stopp gemacht. Die meisten der wenigen Besucher fliegen jedoch mit gecharterten kleinen Flugzeugen ein oder schwimmen auf eigenen Yachten an.

Die Insel wurde von dem US-Amerikaner Larry Addington erschlossen um einen luxuriösen 18-Loch-Golfplatz mit all dem dazu notwendigen Drumherum zu bauen. Ein Klubhaus mit exzellenter Bar, ein großes Schwimmbecken und acht Luxusvillen warten auf Gäste. Der Landeplatz für kleine Flugzeuge und der Tennisplatz nehmen sich da schon wie Standard aus.

Herausgekommen ist tatsächlich der größte und beste Golfplatz, den Belize zu bieten hat. Direkt am Meer gelegen bietet er mit manchmal böigen Winden und gelegentlich vorbeischauenden Krokodilen auch die eine oder andere unerwartete Herausforderung.

Die Preise sind ebenso luxuriös wie das gesamte Ambiente: Eine Villa kostet ab US$ 1000 pro Nacht (Nebensaison: US$ 800) für 4 Personen bei minimal 5 Nächten, Mahlzeiten werden mit US$ 75 berechnet und für einen Tag Golf von 9 Uhr bis 16 Uhr ist man mit US$ 50 dabei.

Besucher, die einfach nur einen Tag golfen wollen, zahlen pauschal US$ 200 für die Nutzung des Platzes, Golfcart und Essen.

Mehr Informationen gibt es bei:
Caye Chapel Island Resort, $$$ Tel.: 00501-226-8250, Fax: 00501-226-8201, www.cayechapel.com

Der Norden Belizes

Das Gebiet nördlich des Western Highways – der Norden Belizes – spielt touristisch eher eine untergeordnete Rolle.

Die Mehrheit der Besucher, die über Mexiko nach Belize einreisen, kommen mit dem Bus und lernen die beiden nördlichen Städte Corozal und Orange Walk höchstens bei einem Stopp für eine Pinkelpause an einer Tankstelle kennen. Hinsichtlich des Ortes Orange Walk ist sogar dieses fraglich. Seit 2005 führt eine Umgehungsstraße, eigentlich gedacht für den Transport des Zuckerrohres, auch den Fernverkehr um die Ortschaft herum.

Die Landschaft in dieser Region ist nicht sehr spannend. Kilometerweit führt der Northern Highway durch Savannen, riesige Rinderfarmen und Zuckerrohrfelder.

Bis hinunter nach Belize City scheint die Landschaft am Highway langweilig, von keinerlei Hügeln, geschweige denn Bergen unterbrochen zu sein.

Aber der Eindruck täuscht.

Östlich von **Corozal**, beispielsweise in **Consejo**, gibt es einige sehr schöne einsame palmengesäumte Sandstrände, die allerdings wesentlich mehr amerikanische Rentner als Alterswohnsitz anziehen als Touristen.

Westlich des Northern Highways zieht sich ursprünglicher Regenwald durch hügliges Gelände bis hinüber an die Grenze zu Guatemala.

Die Maya-Stätte **Lamanai** gilt als spektakulärste Maya Site in Belize und **Altun Ha** als die mit den meisten Besuchern. Was nur auf den ersten Blick den einführenden Worten zu den Besucherzahlen widerspricht. Aber **Altun Ha** wird vor allem von Kreuzfahrttouristen während dem einen Tag Aufenthalt in Belize besucht, eine Zielgruppe, die dieser Reiseführer eigentlich nicht bedient.

Und nicht zuletzt gibt es mit dem **Rio Bravo Conservation Area**, dem **Community Baboon Sanctuary** und dem **Crooked Tree Wildlife Sanctuary** ausgedehnte Naturschutzgebiete mit einer ausgesprochen vielfältigen Tier- und Pflanzenwelt.

Corozal

Corozal-Stadt, eine Siedlung nur ein paar Kilometer südlich der mexikanischen Grenze, am Rande der **Bucht von Chetumal,** hat eine Bevölkerung von ungefähr 9000 Leuten.

Flüchtlinge, die vor dem Bürgerkrieg zwischen Mestizen und Indern in Mexiko flohen, gründeten die Stadt 1849 und benannten sie nach der Cohune-Palme, einem Symbol für Fruchtbarkeit. Jahrhunderte zuvor war auch diese Gegend Siedlungsgebiet der Maya und Zeugnisse aus dieser Zeit können noch heute besucht werden. Überreste eines kleinen Forts aus den Kaste-Kriegen und ein wunderbares Wandgemälde des Malers **Manuel Villamor Reyes** im Rathaus sind weitere zeitgenössische Dokumente.

Corozal ähnelt einer mexikanischen Stadt mit seiner Plaza, dem zentralen Platz und der großen Kirche. Breite, von Bäumen gesäumte Straßen, Parks und ein attraktives altes Marktgebäude kennzeichnen Corozal.

Auch das **Corozal Museum**, das in einem schönen Zollhaus im Stil des 19. Jahrhunderts untergebracht und im Stil eines Marktes aus dem 18. Jahrhundert präsentiert wird, ist einen Besuch wert. Es zeigt Artefakte, Antiquitäten und religiöse Statuen, die Belizes reiche Geschichte umreißen sowie eine Sammlung Handwerksarbeiten und Kleidungsstücke aus heutiger Zeit einschließlich einiger Arbeiten der Maya.

Corozal beherbergt zudem zwei archäologische Maya-Stätten, beide mit Meeresblick.

Am Nordrand der Stadt liegt **Santa Rita**, die Ruinen eines Maya-Zeremoniezentrums. Auf der anderen Seite der Bucht ist **Cerros**, ein bedeutendes Handelszentrum zwischen 250 vor Christus und 350 unserer Zeitrechnung. Vor 1700 Jahren verlassen, hat sich heute der Dschungel diese alte Maya-Siedlung zurückgeholt. Die neuen Bewohner sind Jaguare, Tapire und 250 verschiedene Vogelarten.

Corozal ist die Grenzstadt zu Chetumal in Mexiko. Für diejenigen, denen es verlockend erscheint die Chance zu nutzen und für ein paar Stunden mexikanische Luft zu atmen: Für die Ausreise aus Belize werden 38 $ fällig. Gleiches gilt übrigens auch für Transitreisende nach Guatemala.

Orange Walk

Mestizen, die Zuflucht vor Säuberungsaktionen in Yucatan suchten, drangen immer weiter südlich in das Gebiet des heutigen Belize vor. Sie rodeten Regenwald, legten Felder an und gründeten schließlich die gleichnamige Hauptstadt des Bezirkes – Orange Walk. Heute liefert dieser komplett auf Landwirtschaft ausgerichtete Bezirk mit seinen Zuckerrohrplantagen, den großen Korn- und Maisfeldern einen wichtigen Beitrag zur Ökonomie von Belize.

90 Kilometer nördlich von Belize City gelegen, bewohnt die Stadt heute ein Bevölkerungsgemisch aus Mestizen, Maya, Indern, Mennoniten und Chinesen. In den letzten Jahren ist die Haupstadt des Bezirkes Orange Walk – Orange Walk Town – massiv gewachsen. Mit 15.000 Einwohnern belegt sie gemeinsam mit San Ignacio und San Pedro den zweiten Platz in der Bevölkerungsdichte hinter Belize City. (70.000)

Die mexikanischen Einflüsse sind nach wie vor sehr stark und so ist es nicht verwunderlich, dass man öfter mit Spanisch konfrontiert wird als mit der Amtssprache Englisch.

Orange Walk als Stadt hat keine Attraktionen für Touristen, ist aber ein guter Ausgangspunkt zu den umliegenden Nationalparks und nach Lamanai.

Rio Bravo Conservation Area

Es wird behauptet, dass es nirgendwo in Belize eine so vielfältige Tierwelt gibt wie in dem weit abgelegenen Rio Bravo Conservation Area. Glaubt man den Förstern des Reservats sind Jaguar - Sichtungen normal, aber auch Ozelot, Puma und Jaguarundi sollen keine Seltenheit sein. Und natürlich tummeln sich auch die Beutetiere der Jäger in der Gegend. Hirsche, wilde Truthähne und Schweine stehen zur Auswahl.

Bis Mitte der 70er wurden in dieser Gegend Hartholzbäume geschlagen, vor allem Mahagoni und Zeder. Die Stämme wurden mittels Eisenbahn zur 65 km entfernten Hillbank-Lagune transportiert.

Alte Markthalle in Corozal

Corozal, Uferblick

Zucker-Lastkraftwagen

Orange Walk Town

Lachender Falke

Brüllaffe bei Crocked Tree

Jaguar-Tempel in Lamanai

Jäger auf dem New River

Von hier aus wurde das Holz über den New River südlich nach Belize City geflößt, bevor es auf die Reise über den großen Teich nach England ging.

Heute gibt es für Naturliebhaber zwei Stationen als Ausgangspunkt für Dschungeltouren, die La Milpa Field Station und das La Milpa Archaeological Reserve. Beide bieten Unterkünfte und Speisen an, wobei die Unterkünfte von rustikalem Zimmer bis zum jugendherbergsähnlichen Schlafzimmer reichen.

Inklusive Speisen und Getränke kostet die Übernachtung zwischen US$ 80 und 120 pro Person.

Die Anreise in diese Gegend jenseits der Zivilisation ist etwas kompliziert, aber die Einsamkeit hat ihren Preis. Circa 4 Stunden fährt man von Belize City über Orange Walk, Yo Creek, San Felipe, Blue Creek und Tres Leguas nach La Milpa; ungefähr 2 Stunden benötigt man von Belize City über Burrell Boom, Bermudian Landing und Rancho Dolores nach Hill Bank. Eine Abfrage der Straßenbedingungen im Vorfeld beim Programm für Belize, Tel. 00501-227-5616 oder 00501-227-1020, ist unbedingt notwendig. Manchmal sind die Wege dorthin unpassierbar.

Community Baboon Sanctuary

Eine einmalige Initiative zur Erhaltung der schwarzen Brüllaffen, von den Einheimischen „Baboons“ genannt, vereint acht Dörfer nordwestlich von Belize City. Zentrum des **Community Baboon Sanctuary** ist **Bermudian Landing**, am Belize River gelegen.

Im Reservat ist ein pädagogisches Dschungelmuseum, in dem die Lebensweisen der Affen dargestellt sind. Schätzungen geben die heutige Population mit 2000 an.

Die BZD 14 Eintritt beinhalten auch eine geführte Wanderung durch den Park, nahe zu den frei lebenden Affen. Eine andere Chance die Affen zu sehen, ist die Annäherung auf dem Fluss.

Auf diesem Weg kann die Begegnung mit der einheimischen Tierwelt dann noch weit über das Aufspüren der Monkeys hinausgehen. Leguane, Krokodile, Ameisenbären, Schildkröten und eine vielfältige Vogelwelt sind hier zu Hause. Und mit ein wenig Glück kann man in dieser Gegend auch den lustigen Ottern beim Spielen zuschauen.

Diese Touren sind auch im Museum buchbar und kosten BZD 70 für 2 Personen.

Auch für jene, die eine Nacht bei den Affen und deren Gebrüll verbringen wollen, ist gesorgt. Es ist leicht, ein Zimmer hier zu finden, viele Einheimische bieten Bett & Frühstück in ihren Häusern an. Direkt hinter dem Museum ist zudem ein kleines Naturresort mit zwei Zimmern. Ein weiteres Resort – die **Howler Monkey Lodge** – ist am Eingang der Ortschaft **Bermudian Landing**. Hier allerdings wird für US$ 127 pro Nacht wenig geboten.

Die Anfahrt erfolgt Richtung **Burrell Boom** entweder an der Abzweigung (ein Kreisverkehr) vom Western Highway, 15 km westlich von Belize City, oder an der Abzweigung vom Northern Highway ungefähr 30 Kilometer nördlich von Belize City.

Auf dieser Verbindungsstraße zwischen Western und Northern Highway zweigt die Straße nach **Burrell Boom** am **Belize River** Richtung Norden ab. Der Weg führt durch die Ortschaft. Anschließend folgt man der Straße weitere 20 km direkt bis zum Ziel.

Crooked Tree Wildlife Sanctuary

Dieser Nationalpark ist ein weiteres der vielen Naturreservate von Belize. Mehr als 540 Spezies von Vögeln wurden in dieser Gegend gesichtet, ja es ist geradezu unmöglich, nicht vom Überfluss an Vogelvielfalt beeindruckt zu sein. 1984 gegründet, umfasst dieses Reservat 16400 Morgen von Wasserstraßen, Sümpfen und Lagunen im Umkreis des Dorfes Crooked Tree.

Crooked Tree liegt 5 Kilometer westlich des Northern Highway, die Abfahrt erfolgt beim Meilenstein 31. Die Fahrt führt über einen langen Damm durch die Lagune und schon hier begrüßen unzählige Vögel die Besucher. Während von Februar bis Mai größtenteils einheimische Vögel zu sehen sind, gesellen sich zwischen November und Juli Zugvögel, darunter der Jabiru-Storch, mit seiner 3-Meter-Flügelspannweite der größte Vogel der westlichen Hemisphäre, hinzu.

Neben den Enten, Reihern, Stelzen, Silberreihern und Störchen sind auch hier Brüllaffen, Schildkröten, Krokodile und Leguane zu Hause.

Crooked Tree Village ist im 17. Jahrhundert als Zeltlager für Holzfäller angelegt worden, ein sicheres Basislager gegen die Spanier, da es nur mit dem Boot erreichbar war.

Der Ursprung des Namens liegt im Dunkeln der Geschichte. Während die Einen erzählen, ein großer krummer Baum (crooked tree) wäre die Inspiration gewesen, wissen andere genau, dass der Name einem Banditentrio (die krummen Drei) zu verdanken sei.

BACAB Eco Park

Ungefähr 10 km nördlich des internationalen Flughafens befindet sich der einzige angelegte Freizeitpark Belizes. Wenn auch im Gegensatz zu den zuvor beschriebenen Parks in den letzten Jahren Menschenhand sehr viel zu der Anlage beigetragen hat, ist BACAB Eco Park doch ein Kleinod für Tagesbesucher. Mit Reiten, Kanufahrten und Fahrradtouren werden aktive Besucher gelockt. Badelustigen steht ein großer Pool mit Wasserfall zur Verfügung.

Altun Ha

Diese Ruinenstadt der Maya befindet sich etwa 45 Kilometer nördlich von Belize City in Belize und zehn Kilometer westlich des Karibischen Meeres.

Es wird vermutet, dass der Name Altun Ha soviel wie „Wasser, das aus Felsen kommt“ bedeutet.

Erste Spuren der Besiedelung in Altun Ha lassen sich bis um 1000 vor Christus nachweisen. Die Stätte besteht aus zwei Hauptplätzen und insgesamt 300 nachgewiesenen Gebäuden, davon mindestens dreizehn Tempeln. Der größte Teil der heute sichtbaren Bauten entstand in der so genannten Klassischen Periode. Die relativ hohe Anzahl von Gebäuden sowie reiche Grabbeigaben weisen darauf hin, dass Altun Ha vom Handelsnetzwerk zwischen Küste und dem Inland profitierte.

Der höchste Tempel in Altun Ha ist etwa 16 Meter hoch. Zu den bedeutendsten Funden gehört ein 15 Zentimeter hoher und 4,5 Kilogramm schwerer Jadekopf, der den Sonnengott K'inich Ajaw darstellt.

Lamanai

Die ausgedehnte Maya-Ruinenstätte Lamanai kann von Belize City erreicht werden, indem man ein Fahrzeug nach Orange Walk nimmt und von dort mit einem Boot ungefähr 40 km den New River aufwärts fährt. Nur in der trockenen Jahreszeit lässt sich die Stätte auch über einen allerdings erheblichen Umweg auf dem Landweg erreichen. In jedem Fall nehmen Anreise und Besichtigung von Lamanai einen ganzen Tag in Anspruch.

Die Fahrt selbst dauert ungefähr eine Stunde und wird nie langweilig. Immer wieder zeigen sich verschiedenste Tiere: Leguane, Vögel und manchmal, gemäß dem Reiseziel, auch Krokodile. Der Name Lamanai bedeutet "Tauchendes Krokodil" und dürfte aus vorspanischer Zeit stammen. Zumindest überlieferten die ersten Spanier diesen Namen als Lamanay oder Lamayna, was wohl vom Maya-Begriff "Lama'anayin" abgeleitet wurde.

Aus den vielen Keramikfunden lässt sich schlussfolgern, dass Maya in und um Lamanai schon um 1500 v.u.Z. lebten. Der günstigen geografischen Lage mag zu verdanken sein, dass die Besiedlung hier bis in die spanische Zeit anhielt.

Bereits in vorklassischer Zeit wurden mehrere bedeutende Bauwerke errichtet, die im Klassikum ergänzt wurden. Angesichts der nur wenigen mit Inschriften versehenen Stelen lassen sich für die klassische Zeit praktisch keine Beziehungen zu anderen Maya-Zentren nachweisen. Freilich kann es angesichts der Größe und handelspolitisch offenbar günstigen Lage der Stadt keinen Zweifel geben, dass Lamanai in die politischen und ökonomischen Systeme der Maya-Region eingebunden war. Das östlich gelegene Altun Ha ist bei günstiger Wetterlage mit bloßem Auge zu sehen, wenn man denn weiß, in welche Richtung man blicken muss. Und der New River dürfte seinerzeit ein wichtiger Handelsweg gewesen sein.

In Crooked Tree: Jabiru;

Gelbhals;

Schildkröte und

Stärling oder Dohlengrackel

Altun Ha: Sonnentempel und

Königsgrab

Baboon Sanctuary: Brüllaffe und

Schwarze Orchidee

So wundert es nicht, dass der Zusammenbruch der klassischen Maya-Kultur auch hier Spuren hinterlassen hat. Um 900 wurden die Bautätigkeiten an den großen Tempeln überwiegend eingestellt, doch wurde Lamanai im Gegensatz zu den meisten anderen Zentren der klassischen Zeit nicht verlassen, sondern blieb kontinuierlich bewohnt. Im 16. Jahrhundert erschienen hier die ersten Spanier, doch verließen diese nach hundert Jahren die Region und machten Platz für eine geringe Zahl von Briten. Geringe bauliche Reste, die heute vom Urwald wieder überwuchert sind, zeugen von dieser Präsenz.

1917 wurde Lamanai erstmals von Archäologen besucht, doch kam es erst ab 1974 zu genaueren Untersuchungen durch das Royal Ontario Museum. Etwa seit 2000 erfolgte dann die schrittweise Rekonstruktion einiger repräsentativer Bauwerke.

Das Zentrum der alten Stadt misst eine Breite von etwa 250 Metern und eine Länge von etwa einem Kilometer und erstreckt sich in nordsüdlicher Richtung entlang der New-River-Lagune, einem seeähnlichen Seitenzweig des Flusses. Unzählige kleinere Ruinen sind im umliegenden Wald verborgen.

Im Norden befindet sich ein schmaler, ins Land reichender Kanal, der alte Hafen der Stadt. Unweit stehen einige bedeutende bauliche Reste aus präklassischer Zeit.

Insbesondere ist hier die gewaltige Plattform P9-25 zu nennen, die bei einer Fläche von 90x110 Metern bis zu 28 m hoch aufragt. Das Bauwerk wurde in mehreren Umbauphasen zwischen 250 v.u.Z. und 200 u.Z. errichtet. Es befinden sich hier u.a. ähnlich große Masken, wie man sie praktisch überall in der Region an den unteren Gebäudeteilen anbrachte. Leider ist dieser nördliche Teil des alten Zentrums wieder vollständig vom Urwald vereinnahmt worden.

Etwa 200 Meter südlich der großen Plattform befindet sich die von kleineren Gebäuden umgebene Pyramide N9-56 (sog. Maskentempel), deren Bau ebenfalls um 200 v.u.Z., also in präklassischer Zeit begann. Bis etwa 1300 wurde dieses Bauwerk mehrfach verändert und überbaut, so dass der heutige Grabungs- und Rekonstruktionszustand Bauteile aus verschiedenen Phasen zeigt. Insbesondere der etwa vier Meter hohe Maskenschmuck an der südwestlichen Ecke des Bauwerkes, stammt aus einer frühen Bauphase. Im Innern des Tempels hat man ein mit Jade, Muscheln und Beigaben aus vergänglichen Materialien ausgestattetes Fürstengrab gefunden.

Etwa 350 Meter südwestlich befindet sich das mit 33 Metern höchste Gebäude von Lamanai, Tempel N10-43. Das Bauwerk wurde etwa 100 v.u.Z. bereits in seiner heutigen Größe errichtet und nicht mehr wesentlich erweitert. Nach 700 u.Z. sind überhaupt keine Baumaßnahmen mehr nachweisbar.

Die Pyramide wird über eine breite Treppe von Süden her erschlossen. Auf einer Terrasse im unteren Drittel des Bauwerkes befinden sich Reste ehemaliger Wohngebäude sowie einige Masken, die bis zu zwei Meter hoch sind. Die obere Plattform ist nicht sehr groß, so dass sich nur Platz für einen in der Mitte stehenden Tempel sowie zwei kleine beidseitig angeordnete Tempelchen bot

Direkt südlich der großen Pyramide befindet sich ein Ballspielplatz, der nur teilweise ausgegraben wurde, aber unzweifelhaft als solcher erkennbar ist.

Man gelangt dann in östlicher Richtung zu der in jüngster Zeit zugänglich gemachten kleinen Pyramide N10-27, vor der sich die sehr schöne Stele 9 (heute als Kopie) befindet, deren Original abgebrochen war und auf den Stufen lag.

Die Konzentration auf die oben erwähnten wichtigen Baukörper von Lamanai sollte nicht den Eindruck erwecken, als beschränke sich die Stadt auf den dargestellten Bereich. Zwischen den genannten Bauwerken, aber auch in der weiteren Umgebung befinden sich, noch überwiegend vom Wald bedeckt, unzählige Hügel, die von früherer Bebauung zeugen.

Der Norden in der Übersicht

Hotels / Resorts / Lodges - Corozal

Casa Blanca Hotel by the Sea $$, Consejo Village bei Corozal
Tel.: 00501-423-1018; www.casablancebelize.com
10 Zimmer; Strandlage, Pier, Restaurant;

Copa Banana $$, 409 Bay Shore Drive, Corozal
Tel.: 00501-422-0284, www.copabanana.bz;
Strandlage; Zimmer mit Klimaanlage, Ventilator und TV

kostenlose Fahrradausleihe,

Corozal Bay Inn Resort $$, Corozal, Almond Drive
Tel.: 00501-422-2691; www.corozalbayinn.com;
10 Cabanas am Strand, TV, Kühlschrank,
Pool, Restaurant, Bar – Resort hat bessere Zeiten gesehen!

Mirador $, Stadtmitte Corozal, Tel.: 00501-422-0189;
www.mirador.bz;
Strandlage; Zimmer mit Klimaanlage oder Ventilator, Internet

Tony's Inn & Beach Resort $$, Corozal, Almond Drive
Tel.: 00501-422-2055; www.tonysinn.com
24 Zimmer; eigener Strand, Restaurant, Hochzeitspakete

Hok'ol K'in Guest House $$, 4th Ave, Corozal Town,
Tel.: 00501-422-3329
8 Doppelzimmer in der Stadt und am Meer, Restaurant, Bar

Hotels / Resorts / Lodges – Orange Walk

Chan Chich Lodge $$$, Gallon Jug Orange Walk District
Tel./Fax: 00501-223-4419; www.chanchich.com
Eine der klassischen Dschungel-Lodges in der Welt; Anfahrt von Orange Walk durch den Regenwald; 12 Cabanas mit Palmblattdach, ausgestattet mit 2 Doppelbetten, Dusche, Veranda; Pool, Restaurant

Lamanai Outpost Lodge $$$, An der Lagune nahe den Lamanai Ruinen
Tel.: 00501-235-2441; www.lamanai.com
16 Zimmer direkt am Ufer der Lagune; Restaurant und Bar , verschiedenste Tourangebote

Lamanai South Lodge $$, Indian Church Village
Tel.: 00501-615-1892; www.lamanaisouth.com
Preisgünstigere Alternative zu Lamanai Outpost, 4 Zimmer mit Veranda am Ufer der Lagune; Restaurant und Bar

Hillside Bed and Breakfast $, Blue Creek Village
Orange Walk District; Tel.: 00501-323-0155

5 einfache, saubere Zimmer in einem Dorf der Mennoniten mit Blick in ein romantisches Tal

Hotel de la Fuente $$, 14 Main St., Orange Walk Town
Tel.: 00501-322-2290; www.hoteldelafuente.com
16 bequeme Zimmer und 2 Apartments mit Küche, gutes-Preis-Leistungs-Verhältnis;

St. Christopher's $, 10 Main St., Orange Walk Town
Tel.: 00501-322-2420; E-Mail: rowbze@btl.net
Dirket neben La Fuente gelegen, gute Alternative dazu

El Gran Mestizo $$, 1 Naranjal Street, Orange Walk Town
Tel.: 00501-322-2290; www.elgranmestizo.bz
Schoene Cabanas und Apartments mit Küche direkt am Fluss, Restaurant und Barbetrieb von Mittwoch bis Sonntag.

Restaurants

Tony's; Südliches Ende von Corozal-Stadt;
Tel.: 00501-422-2055; Gutes Restaurant am Meer, einheimische Gerichte

Patti's Bistro; 4th Avenue, Corozal; Tel.: 00501-607-1417;
Preisgünstige Kneipe mit einheimischer Küche

Cactus Plaza; 6th Street South Nr. 6, Corozal
Tel.: 00501-422-0394; Mexikanische Küche (Tacos, Salbutes, Tostades) auf niedrigem Preislevel

El Establo Bar & Grill; Indian Hill, Northern Highway,
Orange Walk; Tel.: 00501-322-0094; Guter Spot für einen Stopp zwischen Belize City und mexikanischer Grenze

Touren

Chan Chich Lodge, Tel.: 00501-223-4419 und
Lamanai Outpost Lodge, Tel.: 00501-235-2441;
Kanutouren, Reiten, Vogelbeobachtung, Maya-Touren
Reyes and Sons, Orange Walk, Lamanai Tours, Tel.: 00501-6101548

Belmopan und Umgebung

Wenn irgendetwas an Belmopan bemerkenswert ist, dann dass es mit ungefähr 12000 Einwohnern die kleinste Hauptstadt der Welt darstellt. Nach dem Hurrikan Hattie, der starke Verwüstungen in der alten Hauptstadt Belize City angerichtet hatte, wurde Belmopan auf dem Reisbrett entworfen und anschließend in die Mitte des Landes gesetzt. Hundert Meter über dem Meeresspiegel und 60 Kilometer im Landesinneren sollten der neuen Hauptstadt ähnlich verheerende Erfahrungen mit Hurrikans erspart bleiben.

Aber vielleicht ist auch dieser Fakt aus anderer Sicht bemerkenswert, denn durch seine zentrale geographische Lage ist Belmopan auch zum Verkehrsknotenpunkt des Landes geworden. Für all jene, die ihren Belize-Besuch mit dem erstaunlich gut ausgebauten und funktionierenden Busnetz planen, führt an Belmopan kein Weg vorbei. Von hier starten die Busse in alle Landesrichtungen: nach Benque Viejo del Carmen an der guatemaltekischen Grenze, in den Süden nach Placencia und Punta Gorda und nach Belize City, in den Osten. Nur Corozal und Orange Walk im Norden des Landes sind nicht direkt angebunden. Um dahin zu kommen, muss in Belize City umgestiegen werden.

Wenn ich von gut ausgebautem Busnetz schreibe, dann vergleiche man das hier bitte nicht mit Europa. Die Ausstattung der Busse und deren Verkehrssicherheit garantieren manches ungewollte Abenteuer und verlangen von Fahrer und Schaffner teilweise großes Improvisationsvermögen. Aber die Zyklen, in denen die Busse verkehren und die relative Pünktlichkeit sind für das hiesige Verständnis von Zeit schon beeindruckend.

Belmopan selbst beherbergt keinerlei Attraktionen. Die ringförmige Straße rund um das Zentrum umschließt den Markt, die Regierungsgebäude, den Busbahnhof, ein paar Banken, Kneipen und Restaurants. Der Mangel an Sehenswertem und das trocken-heiße Klima laden zu keinem Rundgang durch die Minihauptstadt ein, allenfalls zu einem kühlen Bier in die gut gehende Bar direkt am Busbahnhof zwischen der Ankunft und Abfahrt der Busse der Reisenden.

Die Umgebung der Hauptstadt hat dagegen Einiges mehr zu bieten. 18 km östlich der Einmündung nach Belmopan, am Meilenstein 37 des Western Highways, fordert ein Schild mit der Aufschrift „**Jaguar Paw**" zum Abbiegen auf.

Nach 5 km erreicht man mit ATV das erste Highlight an dieser Straße, einen 45-minütigen **Trip** mit dem **Quad** durch den Dschungel.

Folgt man der geteerten, aber löchrigen Straße ungefähr 10 km weiter, erreicht man einen Parkplatz. Von hier aus werden spektakuläre Touren im Autoreifen (tubing) durch einen Teil des Höhlensystems von **Caves Branch** angeboten.

Der Eintritt in den Nationalpark kostet 5 US$ pro Person, die Gebühr für Ausrüstung und Führer ist je nach Verhandlungsgeschick ca. 15 US$ pro Person – eine Investition, die sich wirklich lohnt.

Wer dann noch immer auf Adrenalinschübe eingestellt ist, lässt sich für 45 US$ direkt neben dem Parkplatz auf einer knapp 900 Meter langen Zipline durch die Baumwipfel des Dschungels gleiten.

Zurück zum Highway und weiter gen Westen: Direkt an der Abzweigung nach Belmopan befindet sich auf der rechten Seite der **Guanecaste National Park**. Ein Wanderweg durch den Dschungel, bietet einen Eindruck in die vielfältige Pflanzenwelt des Landes. Hinweisschilder helfen bei der Identifikation der teilweise gigantischen Bäume, ein alter Guanacaste beispielsweise bietet ca. 8 Meter Umfang. Badesachen sollten nicht vergessen werden, es lohnt! Man kann den Schweiß der Wanderung an einer schönen Badestelle am Zusammenfluss von Roaring Creek und Belize River abspülen.

25 km südlich von Belmopan, erreichbar über den schönen Hummingbird Highway, liegt der „**Blue Hole National Park**". Der Park hat mit dem **Blue Hole** (nicht zu verwechseln mit dem Blue Hole in der Karibik), der **St. Herman's Cave** und der **Crystal Cave** gleich mehrere Attraktionen zu bieten.

Badestelle im Guanacaste Nat. Park

Dschungelreiten von Banana Bank

Regierungssitz in Belmopan

Platz der Unabhängigkeit

Blue Hole National Park

St. Herman's Cave

Cave Tubing

Ein Belikin-Bier zum Feierabend

Empfehlenswert ist es, sich erst einer der beiden Höhlen zu widmen bevor ein erfrischendes Bad den Schweiß vom Körper wischt. Beide Höhlen sind an einem Tag nicht machbar, da die Tour durch die Crystal Cave allein schon ungefähr 5 Stunden in Anspruch nimmt.

Eine Kombination, die ich bevorzuge, ist die Erkundung der St.-Herrmanns-Höhle und das anschließende Bad im Blue Hole. Um die Cave vom Eingang bis zum Ausgang zu bewältigen, benötigt man ungefähr zwei Stunden. Auf den 800 Metern läuft und klettert man zwischen phantasievollen Steinformationen, Stalaktiten und Stalagmiten, die in Jahrtausenden vom hindurchfliesenden Wasser herausgewaschen bzw. durch Tropfwasser geformt wurden.

Um sicher zu gehen, dass man den Ausgang findet, sollte man entweder einen erfahrenen Führer mitnehmen oder den Eingang zum Ausgang machen, indem man am Ende des markierten Weges in der Höhle umkehrt. Auf alle Fälle muss man eine Taschenlampe, am besten eine Kopflampe mitführen. Zwar wird am Eingang die Vermietung von Taschenlampen angeboten, es ist aber schon mehrmals vorgekommen, dass diese nicht lange funktioniert haben.

Wieder am Auto fährt man 500 Meter weiter gen Süden zum Parkplatz, der am Blue Hole liegt. Das Blue Hole ist ein rundes Loch im Regenwald, gespeist von klarem, kühlem Wasser aus dem unterirdischen Höhlensystem. Schwimmt man die paar Meter zur steil aufragenden Felswand am Ende der Badestelle, kann man unter Wasser die Umrisse des Eingangs in die unterirdische Höhle erkennen.

Belmopan und Umgebung in der Übersicht

Hotels / Resorts / Lodges – eine Auswahl

El Rey Hotel $, Belmopan, 23 Moho Street Tel.: 00501-822-3438. http://www.elreyhotel.com/,
einfache, zweckmäßig eingerichtete Zimmer

Bull Frog Inn $$, Belmopan, Ring Road Tel.: 00501-822-2111. http://www.bullfroginn.com/, schöne, zweckmäßig eingerichtete Zimmer; Restaurant

Twin Palms B&B $$, Belmopan, Tel.: 00501-822-0231. tasmithbz@yahoo.com, schöne Zimmer, Pool,

Bull Frog Inn $$, Belmopan, Ring Road Tel.: 00501-822-2111. http://www.bullfroginn.com/, schöne, zweckmäßig eingerichtete Zimmer; Restaurant

Belize Jungle Dome $$$, Off Mile 47, Western Highway, Belmopan; Tel.: 00501-822-2124; www.belizejungledome.com

4 Suiten und 4 Doppelzimmer mit schönem Blick; Pool, kabelloses Internet, Restaurant mit Bio-Speisen

Anreise: Biege am Meilenstein 47 vom Western Highway in Richtung Norden ab, bleibe auf der unbefestigten Straße knapp 5 km, dann abbiegen Richtung Banana Bank Lodge. Folge von hier ungefähr 3 km dieser Richtung, bevor auf der rechten Seite der Straße der Belize Jungle Dome auftaucht.

Banana Bank Lodge $$, Belmopan

Tel.: 00501-820-2020; www.bananabank.com

5 Cabanas und 4 Zimmer; Pool, Restaurant, kinderfreundlich; Die Lodge beherbergt einen Jaguar, einen Klammeraffen, Tukane und Papageien. Empfehlenswerter Spot für Reiter,

Anreise: Anfahrt siehe oben – Jungle Dome. Man lässt dieses Ressort einfach rechts liegen und folgt der Straße bis zur Banana Bank Lodge.

Caves Branch Jungle Camp $/$$/$$$, Hummingbird Highway

Tel.: 00501-822-2800; www.cavesbranch.com

Diese direkt am Fluss liegende erstklassige Abenteuer-Lodge in Belize bietet Unterkünfte für jeden Geldbeutel:

Die Lodge ist im September normalerweise geschlossen.

Die Lodge ist 20km südlich von Belmopan am Hummingbird Highway gelegen. (Die Abfahrt ist ausgeschildert.)

Pook's Hill $$$, Off Mile 52.5, Western Highway, Teakettle

Tel.: 00501-820-2017; www.pookshillbelize.com

10 Cabanas, gebaut im Maya-Stil im Dschungel am Roaring Creek, auf dem Gelände wird momentan eine entdeckte Maya-Sauna rekonstruiert; tolles Restaurant mit Bar

Anreise: Abfahrt vom Western Highway am Meilenstein 52,5 in Teakettle Village nach Süden, nach 6,5 km nicht ausgebauter Straße geht es nach rechts, 2,5 km später erreicht man die abgelegene Dschungel-Lodge. Der Weg ist gut ausgeschildert.

Restaurants/Bars

In Belmopan gibt es trotz der geringen Bevölkerung unzählige chinesische Restaurants, die neben den traditionellen süßsauren Speisen vor allem die von den Einheimischen bevorzugte Kombination Reis/Bohnen/frittiertes Huhn anbieten.

Die einzige wirkliche Konkurrenz zu den Chinesen sind die vielen kleinen Küchen rund um den Markt, aus denen Belizianer Tacos, Panades, Fry Jacks und natürlich auch Reis und Bohnen verkaufen.

Die vielen Versuche andere Restaurants zu betreiben sind, sieht man von der Gaststätte im Hotel **Bullfrog Inn** (Ring Road) und **Pasquales Pizzeria** in Forest Drive ab, bisher gescheitert.

Nachtleben

La Cabana

Im Süden der Hauptstadt am Hummingbird Highway gelegen, Highlight des Nachtlebens der Hauptstadt.

Barambiente mit hübschen miniberockten Serviererinnen; Livemusik mit eigener Band, nahezu täglich wechselnde Themenabende – einfach die Nummer 1 in Belmopan und Umgebung.

D Wing Stop

Ecke Mountain View Boulevard. / Hummingbird Ave;

Restaurant und Bar; Donnerstags- und Freitagnacht Live Diskjockey

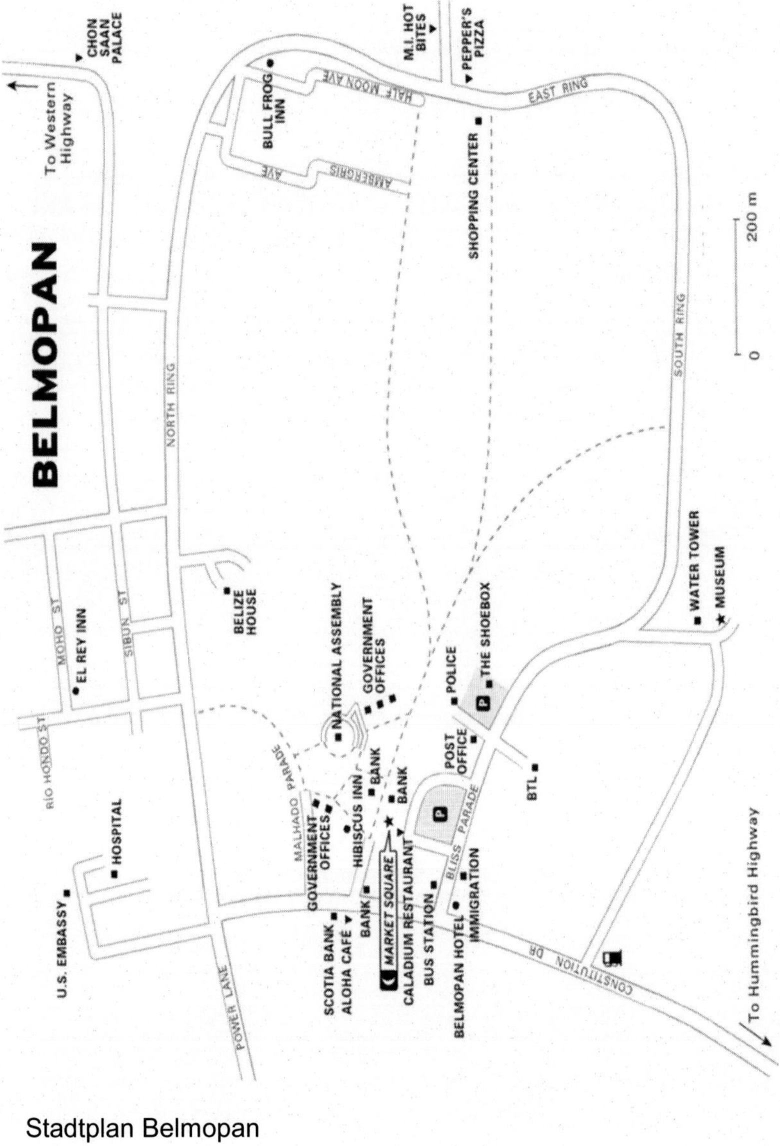

Stadtplan Belmopan

Touren

Caves Branch Jungle Lodge, Tel.: 00501-822-2800; www.cavesbranch.com

Dschungelabenteuer verschiedenster Couleur und Schwierigkeitsstufen, exzellent ausgebildete Führer

Banana Bank Lodge, Tel.: 00501-820-2020; www.bananabank.com

Reitausflüge und Tagestouren zu umliegenden Sehenswürdigkeiten

Der Westen

Neben den Inseln Ambergris Caye und Caye Caulker zieht der Westen, die Region zwischen Belmopan und Benque Viejo del Carmen, mit seinen vielen Attraktionen und Aktivitäten die meisten Touristen in Belize an. Hier findet man die ideale Ergänzung zu einem erholsamen Aufenthalt am karibischen Meer.

Verlässt man die Hauptstadt Belmopan in westlicher Richtung auf dem Western Highway, glaubt man eine völlig andere Welt zu passieren als auf dem gleichen Highway zwischen Belize City und der Hauptstadt. Die dortige flache Savannenlandschaft wird durch flaches Bergland abgelöst. Auch die Bevölkerungsdichte nimmt merklich zu, ein Haus grenzt an das andere, ein Dorf wird vom nächsten abgelöst.

Mit Roaring Creek (brüllender Bach), Camelote, Teakettle (Teekessel), Ontario, Blackman Eddy (Schwarzer Mann Eddy) sind die Namen der Dörfer genauso bunt wie das Gemisch der Hausarten. Bunt gestrichene, gepflegte Holzhäuser stehen neben windschiefen Hütten. In den letzten Jahren hat sich auch das eine oder andere Zementhaus dazwischengeschlichen.

Verlässt man den Western Highway in Teakettle gen Süden erreicht man nach ca. 12 km holpriger Schotterstraße die wohl berühmteste Höhle Belizes – **Actun Tunichil Mucnal (ATM)**.

ATMs Bekanntheit ist schon vor Jahren auch bis nach Deutschland vorgedrungen. In ihrer Ausgabe 03/05 hat ihr die GEO einen ausführlichen Bericht gewidmet. Auf einer ungefähr 6-stündigen Tour, die beim Anmarsch ebenso durch Flüsse führt wie in der Höhle selbst, kann man das über Jahrhunderte währende Vordringen der alten Maya bis ins tiefe Innere der Höhle nachvollziehen. Tontöpfe, Schädel und Skelette zeugen von deren Anwesenheit.

Es ist nicht gestattet, die Tour ohne einen lizenzierten Führer zu machen. Dies ist aber ein Plus denn die gut ausgebildeten Guides sind in der Lage die Phantasie der Besucher derart zu beflügeln, dass man sich wirklich in einer Zeremonie mit erhaben dahin-schreitenden Häuptlingen unter Furcht einflößenden Tiermasken inmitten exotischer Gerüche wiederzufinden glaubt.

Achtung: seit August 2012 ist das Mitnehmen von Fotoausrüstungen in die Höhle verboten. Bedankt Euch bei dem Touristen, der seinen Fotoapparat auf einen jahrhundertealten Schädel fallen ließ und dabei beschädigte. Fragt nicht was - den Schädel natürlich, der Zustand des Apparates wurde nicht dokumentiert.

Circa 7 km westwärts nach der Abzweigung zur ATM geht es nach rechts in eine der Siedlungen der modernen Mennoniten, **Spanish Lookout**. Wer in der Dritten Welt eine Siedlung erleben möchte, die eher in die so genannte Erste Welt, beispielsweise nach Florida, passt als in das sonst doch eher rückständige Belize, der sollte sich die Zeit nehmen und einen Abstecher machen.

Nicht vordergründig um computergeführte Kassensysteme in gut bestückten Supermärkten oder moderne Autohäuser als touristische Highlights zu bestaunen, sondern einfach nur um das Gefühl zu bekommen, wie weit diese Mennoniten in nur wenigen Jahren von den Fundamentalisten abgedriftet sind.

Nur ein paar Meilen entfernt, im Süden, auf der anderen Seite des Highways, leben die fundamentalistischen Mennoniten, deren Besuch eher wie eine Reise ins 17. Jahrhundert anmutet.

Und während die Straße direkt ins Herz Spanish Lookouts zu einer der besten in Belize zählt, kann man sich auf der Fahrt zu deren ehemaligen Glaubensgenossen in der Form einstimmen, dass man als Rückweg zum Western Highway eine holprige Straße wählt, die vom Belize River unterbrochen wird. Die Passage wird mangels einer Brücke noch immer durch eine handbetriebene Fähre ermöglicht. Auf diesem Weg erreicht man den Western Highway wieder zwischen Central Farm und Esperanza.

Mountain Pine Ridge

24 km westlich von Belmopan, in Georgeville Village, weist ein Schild mit den Aufschriften „Mountain Pine Ridge“ und „Caracol“ vom Western Highway nach links in den Süden.

Es ist die berühmt-berüchtigte Straße in das größte Kieferngebiet Zentralamerikas. Berühmt deshalb, weil viele der Highlights des Westens von Belize (**Hidden Falls, Five Sisters Falls, Rio On Pools, Big Rock Falls, Rio Frio Cave, Green-Hill-Schmetterlingsfarm, Caracol** usw.) auf diesem Weg angefahren werden; berüchtigt, weil die Straße diese Bezeichnung an sich nicht wert ist. Es ist eine trockene, steinige und holprige Piste, die sich bei Regen in eine glitschige und schlammige Route verwandelt. Das Ganze findet nicht etwa auf einem überschaubaren Abschnitt statt, sondern zieht sich von Georgeville über knapp 60 km bis kurz vor Caracol.

Da die Strecke auch noch außerhalb des Telefonnetzes verläuft, empfiehlt es sich, bei einem Ausflug mit einem Mietwagen, auf jeden Fall zu schauen, ob sich ein funktionsfähiges Ersatzrad, ein Wagenheber und der passende Mutterschlüssel im Auto befinden. Dazu sollte genügend Benzin im Tank sein, um je nach Ziel bis zu 140 km unter ungewöhnlichen Umständen ohne Tankstelle überstehen zu können.

7 km südlich von Georgeville führt nach links durch eine Art steinernes Tor der Abzweig nach Barton Creek in die Siedlung der fundamentalistischen Mennoniten. Etwas abseits der Siedlung findet man die gleichnamige, wunderschöne Höhle, die **Barton Creek Cave**. Nach einer etwas abenteuerlichen Anreise mit einer Durchquerung des Barton Creek per Auto oder Überquerung der alternativen Hängebrücke zu Fuß findet man in **Mike‘s Place** die Möglichkeit sich einen Guide und die Ausrüstung (Kanu, Kopflampen) zu mieten, um auf den Spuren der Maya die Barton-Creek-Höhle zu erkunden.

Weitere 5 km hinter dem Abzweig nach Barton Creek bietet sich die erste Möglichkeit zu einer interessanten Pause. Rechts an der Straße weist ein Schild direkt in die **Green Hill Butterfly Farm**. In dieser von Holländern betriebenen Schmetterlingsfarm erfährt man bei einer ca. 40-minütigen Führung eine Menge Interessantes über die Aufzucht dieser wunderschönen Spezies.

Zurück auf der Holperpiste passiert man 1,5 km weiter die Kreuzung, auf der, von rechts kommend, die Anreise in die Mountain Pine Ridge aus **Santa Elena/San Ignacio** über das Maya-Dorf **San Antonio** erfolgt – die Cristo Rey Road.

Während zwischen Georgeville und dieser Kreuzung nur das **Gumbolimbo Village Resort** seinen Service anbietet, befinden sich an der Cristo Rey Road zahlreiche Lodges.

Der Beginn des eigentlichen Mountain-Pine-Ridge-Reservates wird durch eine Schranke ungefähr 2 km südlich dieser Kreuzung markiert. Ein Ranger notiert die Nummernschilder der passierenden Autos, die Anzahl der Insassen und deren beabsichtigte Aufenthaltsdauer, um den Überblick über die Besucher zu behalten und im Notfall Hilfsmaßnahmen einleiten zu können.

Nach Passieren des Haltepunktes ändert sich die Landschaft allmählich. Busch und Palmen werden mehr und mehr von Kiefern, Bromelien und anderen wilden Blumen ersetzt; die Anzahl der Vögel am Himmel wird größer. Auch die Luft wird etwas kühler.

3 km weiter befindet sich der Abzweig zu den **Hidden Falls**, auch **Thousand Foot Falls** genannt, die man nach 7 km Fahrt auf der Baldy Beacon Road von einer Plattform aus besichtigen kann. Der Name des Wasserfalls trügt etwas, er ist in Wirklichkeit 1600 Fuß (480 m) hoch.

Weitere 3 km südlich dieses Abzweiges biegt man rechts ab, um die **Big Rock Falls** und die **Five Sisters Falls** zu besuchen. Beides sind herrliche, aber charakterlich grundsätzlich verschiedene Wasserfälle. Während Big Rock aus einer Höhe von vielleicht 22 Metern direkt in einen Swimmingpool prasselt, fließen die 5 Schwestern auf verschiedenen Kanälen in einen schönen Pool im Tal. Diesem Wasserfall ist die **GAIA Riverlodge** mit ihren 12 gepflegten Holzcabanas vorgelagert, deren Besitzer um das natürliche Schwimmbecken am Fuße der Wasserfälle eine schöne Anlage mit Hängematten und Bar aufgebaut haben.

Folgt man der Hauptstraße weiter, so erreicht man 14 km weiter mit **Rio On Pools** ein spektakuläres System aus vielen kleinen Wasserfällen, die zwischen zahllosen natürlichen, von Steinformationen gerahmten Schwimmbecken tanzen.

Nach weiteren 3 km kommt man an den Abzweig zur **Rio Frio Cave**, der größten und am besten zugänglichen Höhle Belizes.

Während der Trockenzeit ist es kein Problem die 800 m lange Höhle zu durchqueren und dabei die unüblichen Farben der Steinformationen, die Stalaktiten, Stalagmiten und Fledermäuse zu bestaunen. Auf all diejenigen mit besonderem Tatendrang wartet außerdem ein ca. 45-minütiger Wanderweg durch die Natur.

Folgt man der Hauptstraße weiter nach Süden, kommt man wenige Kilometer später in die einzige Siedlung des Reservats, **Augustine**. Hier gibt es ein paar einfache Unterkünfte, auch Zelten ist möglich.

Zur weiteren Reise in das **Chiquibul Forest Reserve** ist ein erneuter Eintrag in ein Kontrollbuch der Parkranger notwendig. Anschließend steht der Weiterfahrt zu der Hauptattraktion dieser Gegend, der Maya-Stadt **Caracol**, nichts mehr im Wege.

Hotels / Resorts / Lodges - eine Auswahl

Blancaneaux Lodge $$$, Mountain Pine Ridge

Tel.: 00501-824-3878; www.blancaneauxlodge.com

Hier muss ich etwas weiter ausholen.

Der amerikanische Regisseur Francis Ford Coppola hat einst gesagt, dass ihn Belize mit seinen grünen Dschungeln an die Philippinen, wo er mit Apocalypse Now einen der wohl bekanntesten Filme zum Vietnamkrieg drehte, erinnert. 1981 kaufte er eine verlassene Lodge, investierte ein Vermögen und öffnete 1993 die Blancaneaux Lodge. Der mexikanische Architekt Manolo Mestre schuf mitten im Dschungel ein tolles Resort, wobei Francis und Eleanor Coppola die mexikanischen und guatemaltekischen Ausstattungen für die Villen und Cabanas selbst wählten. Das Ergebnis ist einfach eine der außerordentlichsten Lodges in der Welt.

Die Anfahrt erfolgt entweder von San Ignacio über die Cristo Rey Road oder von Georgeville über die Mountain Pine Ridge Road (auch Chiquibul Road genannt). Beide (schlechten!) Straßen treffen sich nach jeweils ungefähr 15 km und münden in eine weiter nach Süden führende Piste. Nach Einfahrt in den Mountain Pine Ridge National Park sind es noch knapp 7,5 Kilometer, bis an einem entsprechenden Schild die Hauptstraße nach rechts verlassen wird. Von dort sind es bis zur Einfahrt auf der linken Seite des Weges noch 900 Meter.

Natürlich ist es auch möglich die Lodge mit einem Privatflugzeug anzufliegen. Direkt am Eingang ist der Landeplatz.

Hidden Valley Inn $$$, Mountain Pine Ridge

Tel.: 00501-822-3320; www.hiddenvalleyinn.com

12 Cabanas mit Bad, großem Doppelbett oder 2 kleineren Doppelbetten in einem privaten Reservat mit Wasserfällen (darunter Butterfly Falls) und vielen ausgebauten Wanderwegen; Pool, Restaurant, eigene Kaffeerösterei; Hochzeitspakete

Die Anfahrt erfolgt bis zur Einfahrt in den Mountain Pine Ridge wie zur Blancaneaux Lodge. Von dort sind es noch knapp 6,5 Kilometer bis an einem entsprechenden Schild die Hauptstraße nach links verlassen wird.

GAIA Riverlodge $$$, Mountain Pine Ridge

Tel.: 00501-820-4005, Fax: 00501-820-4024;
www.gaiariverlodge.com

14 Cabanas mit Palmblattdächern und Mahagonimöbeln oberhalb der Five-Sisters-Wasserfälle; Restaurant und Bar mit Veranda über dem Flusstal – tolles Ausflugsziel!

Die Anfahrt erfolgt bis zur Einfahrt wie zu Blancaneaux. Von dort folgt man dem ausgeschilderten Pfad ca. 4 Kilometer bis zur Lodge.

Moonracer Farm $$, Mountain Pine Ridge

www.moonracerfarm.com

2 Zimmer mit je 2 Doppelbetten direkt an der Kreuzung der Mountain Pine Ridge Road nach Georgeville/San Antonio gelegen. Mahlzeiten erhältlich, Gemeinschaftsküche

Gumbolimbo Jungle Resort $$, Mountain Pine Ridge Road

ca. 4 km südlich von Georgeville; Tel.: 00501-665-3112;
www.gumbolimboresort.com

Im Stil einer Maya-Stätte gebautes Resort, 5 exklusiv ausgestattete Bungalows; Pool, Restaurant, Bar

Maya Mountain Lodge, Cristo Rey Road
Tel.: 00501-824-2164; www.mayamountain.com
Schöne Holzhütten und Zimmer in Stadtnähe
Anfahrt: Verlassen Sie Santa Elena gen Süden, nach ungefähr 1,5 km auf der Cristo Rey Road liegt rechts der Eingang.

Crystal Paradise, Cristo Rey Village
Tel.: 00501-824-2772; www.crystalparadise.com
Cabanas im Busch, sowohl mit Palmblattdächern als auch mit Zinkdach bedeckt.
Anfahrt: wie Maya Mountain Lodge, nur die Entfernung auf der Cristo Rey Road beträgt 6 km.

Cohune Palms River Cabanas, Bullet Tree Falls
Tel.: 00501-824-0166; www.cohunepalms.com
6 Cabanas mit Palmblattdächern am Mopan River; Restaurant; kostenloser Transport von San Ignacio;

Caracol

Caracol ist die größte der im heutigen Belize befindlichen Ruinenstätten der Maya. Mit einer Höhe von über 43 Metern ist die Hauptpyramide „Caana“ von Caracol noch heute das höchste Bauwerk des Landes. Inmitten dichter Wälder am Westrand der Maya Mountains gelegen, lässt sich die alte Stadt seit jüngstem auch in Tagestouren von San Ignacio aus erreichen – ein robustes Auto vorausgesetzt.

Der Name Caracol ist spanischer Herkunft und bedeutet "Schnecke". Nach unterschiedlichen Erklärungen soll dieser Name von den zahlreichen Schneckenhäusern abgeleitet sein, die man in der Umgebung fand oder nach den verschlungenen Pfaden, die vor Jahrzehnten den einzigen Zugang zur Stätte bildeten. Der alte Maya-Name ließe sich zwar aus der Emblemglyphe ableiten, doch sind die Lesungen umstritten. Eine Lesung könnte lauten "ox witz há" – "Drei Wasser auf dem Berg" – eine Anspielung auf die drei Regenwassersammelbecken der Stadt. Es gibt aber auch die Lesung "ku kau tu mak", deren Bedeutung unklar ist.

Die Anfänge von Caracol liegen im Dunkeln. Mitten im Maya-Gebiet gelegen, dürften hier seit ältesten Zeiten Menschen gelebt haben. Nachweisen lässt sich eine Bevölkerung etwa seit 300 v.u.Z., doch ist erst seit dem 4. Jahrhundert, wie anderswo auch, eine Herrscherdynastie vorhanden. Da Caracol Zugang zu Granit, Schiefer, Hämatit und Bauholz hatte, dürfte der Ort rasch in seiner ökonomischen und politischen Bedeutung gestiegen sein.

Erst mit dem 6. Jahrhundert häufen sich Inschriften auf Stelen und Altären, die die Großmachtambitionen der herrschenden Familie von Caracol dokumentieren. Ein Höhepunkt dieser Entwicklung war der Sieg Caracols über die etwa 150 Kilometer entfernte mächtige Stadt **Tikal** im heutigen Guatemala im Jahr 562. Während Tikal in eine langwierige Existenzkrise stürzte, die über 100 Jahre dauerte, erlebte Caracol einen Aufschwung, der sich durch rege Bautätigkeit nachweisen lässt. Es wird angenommen, dass sich die Bevölkerung in Caracol auf Kosten Tikals verdreifachte. Zahlen, die für das 7. Jahrhundert eine Bevölkerung von 180000 Menschen nennen, mögen freilich weit übertrieben sein. Der unmittelbare Herrschaftsbereich von Caracol umfasste nämlich kaum 100 km^2. Diesbezüglich unterschied sich Caracol wenig von anderen Stadtstaaten des Maya-Gebietes. Die Macht Caracols beruhte weniger auf seiner territorialen Größe als in der Pflege sich mehrfach wechselnder Allianzen mit anderen Stadtstaaten.

Im Laufe des 8. Jahrhunderts verstummten die steinernen Zeugnisse zeitweise über Jahrzehnte. Caracol scheint eine Krise erlebt zu haben, deren Ursachen bisher unbekannt sind. Die heute noch sichtbaren Großbauten waren damals bereits errichtet und wurden anscheinend nur unbedeutend erweitert. Mit dem Ende des 8. Jahrhunderts finden sich wieder mehrere datierte Stelen, doch ging Caracol damals bereits dem kulturellen Untergang entgegen, der im 9. Jahrhundert das gesamte Gebiet der klassischen Maya-Kultur erfasste.

Die letzte Datierung auf Stele 10 stammt aus dem Jahr 859. Obwohl das Zentrum etwa zu diesem Zeitpunkt dem Verfall überlassen wurde, haben Menschen noch für mindestens 200 Jahre ihre Spuren in Caracol hinterlassen. Dann verödete die Stadt endgültig und wurde irgendwann von undurchdringlichem Urwald überwuchert.

Caracol wurde 1937 von Holzfällern entdeckt und auch der Wissenschaft bekannt gemacht. Der Ort fand jedoch kaum Beachtung, da man das Ausmaß der Anlage noch nicht erkannte.

1950 bis 1958 fanden unter der Leitung von Linton Satterthwaite verschiedene Erkundungen statt, doch erfolgten erst ab 1985 unter Leitung von Arlen und Diana Chase umfangreiche Grabungen und Feldforschungen. Im Jahr 2002 fanden in Caracol auch umfangreiche Rekonstruktionsarbeiten statt, die das Ziel hatten, den Tourismus in dem bisher nur von Insidern beachteten Land zu fördern.

Caracol erlebte in der Zeit zwischen Mitte des 6. bis Mitte des 7. Jahrhunderts seine Blütezeit. Damals regierten Yahaw Te (König Wasser) und seine beiden Söhne. Die im Bild gezeigte Auflistung, die den spärlichen Inschriften folgt, soll einen Eindruck der wesentlichen politischen Ereignisse vermitteln.

Wer Caracol heute besucht, sollte der Versuchung widerstehen, sofort vom Eingangsgebäude der archäologischen Zone zur nahe gelegenen Hauptpyramide **Caana** zu gehen. Vielmehr führt ein gewundener Lehrpfad (durch die schweißtreibende Hitze des Urwaldes) in Richtung der südlichen Akropolis. Der Fußweg macht deutlich, wie sich die Stadt über ein Plateau erstreckte, das zumindest teilweise deutlich die hügelige Umgebung überragte. Vor über tausend Jahren in überwiegend unbewaldeter Landschaft gelegen, dürfte Caracol einen interessanten Anblick geboten haben.

Man erreicht die südliche Akropolis nach einem steilen Anstieg. Es finden sich hier die Reste eines ehemaligen Palastes, der sich um einen eingesenkten zentralen Hof erstreckte. Die Gebäude sind heute verfallen, doch machen die Grundmauern ihre Lage deutlich. Auch sind viele Details, wie ehemalige Zugänge und Verbindungen zwischen den Räumen sowie Schlafbänke in den Wohnräumen sichtbar. Alte Gewölbe gibt es nur noch wenige. Die südliche Akropolis diente als Wohnstätte für eine adlige Großfamilie.

Hat man die südliche Akropolis erreicht, liegt die Stadt auf einem flachen Gelände vor dem Besucher. Allerdings verhindert die dichte Bewaldung einen Überblick über die gesamte Anlage.

Etwa 50 Meter nördlich der südlichen Akropolis befindet sich ein viereckiges, offenes Wasserreservoir, das heute einen sumpfigen Eindruck vermittelt. Man muss sich allerdings vorstellen, dass früher der Boden hier im gesamten Zentrum versiegelt war, so dass sauberes Wasser in die Becken geleitet wurde.

In der Umgebung des Wasserbeckens befinden sich mehrere künstliche niedrige Hügel, die früher vermutlich Heiligtümer trugen. Ihre Form und Anordnung schließt eine Wohnnutzung aus. Es besteht kein Zweifel, dass man jetzt das religiöse Zentrum der alten Stadt betritt.

Etwa 100 Meter nördlich des großen Wasserbeckens befindet sich ein Ballspielplatz, auf dem 1986 ein Altar (Markierungsstein) gefunden wurde, der vom 562 erfolgten Sieg Caracols über Tikal berichtet.

Nördlich des Ballspielplatzes schließt sich die Gruppe A an, die einen von bedeutenden Bauwerken umschlossenen Platz bildet. Im Norden und Süden bilden etwa 15 Meter hohe Pyramiden den Abschluss des zentralen Zeremonieplatzes. Grabungen am nördlichen Bauwerk A3 zeigen, dass die Pyramide im unteren Teil mit riesigen Stuckmasken verziert war. Im Innern der Pyramide hat man ein Fürstengrab aus dem Jahr 696 gefunden.

Besonders interessant ist aber der Baukomplex an der Ostseite des Platzes. Das lang gestreckte Bauwerk ist nicht besonders hoch, doch diente es zu astronomischen Beobachtungen der Sonnenaufgänge an markanten Tagen des Jahres. Bauliche Strukturen dieser Art (sie werden gelegentlich "E-Gruppe" genannt) finden sich in mehreren Maya-Städten. In diesem Ensemble auf der Ostseite des Platzes findet sich der interessante Tempel A6, der "Tempel des hölzernen Türsturzes". Die ältesten Bauphasen datieren hier in die späte Präklassik, während späteste Spuren von Menschen in das 11. Jahrhundert datieren, als das zeremonielle Leben in der Stadt schon längst zusammengebrochen war. Der gesamte Baukomplex wurde 2002 umfassend rekonstruiert.

Weiter östlich, durch eine Freifläche getrennt, befindet sich die zentrale Akropolis, die sowohl größere als auch höhere Bauwerke ausweist als die südliche Akropolis. Der erhöhte Komplex diente wahrscheinlich als Wohnstatt für eine oder mehrere adlige Familien. Die zentrale Akropolis ist zwar erforscht worden, doch zeigt sie sich dem flüchtigen Besucher als schwer durchschaubare, von hohen Bäumen und Unterholz bewachsene Ansammlung von Erdhügeln.

Schließlich führt der Weg zu der im Nordosten des Stadtzentrums gelegenen B-Gruppe, die von der gewaltigen "Caana", der 43 Meter hohen Hauptpyramide dominiert wird.

Die Pyramide ist ein gewaltiges, wahrscheinlich in einem einzigen Arbeitsgang errichtetes Bauwerk. Etwa auf halber Höhe befinden sich auf der Südseite Räumlichkeiten, die zumindest teilweise als Wohnungen dienten, wie die gemauerten Liegebänke zeigen. Andere Räume dürften administrativen Zwecken gedient haben. Interessant ist ein Geviert, das nur über eine niedrige, etwa 50 cm hohe Öffnung zugänglich ist. Archäologen halten den Raum für ein Gefängnis für prominente Gefangene aus feindlichen Stadtstaaten, die sich hier in einer Art Sicherheitsverwahrung befanden.

Eine breite, steile Treppenflucht führt weiter zur luftigangenehmen oberen Plattform in über 35 Metern Höhe, wo drei kleinere Pyramiden einen zentralen Hof einschließen. Jeweils in den hinteren Ecken und vorn am Treppenaufgang befanden sich weitere Wohngebäude, deren Zuschnitt anhand der Mauerreste deutlich sichtbar ist.

Die Anordnung der Bauten auf der oberen Plattform wirkt erstaunlich familiär. Dass die Menschen hier gewohnt haben, steht außer Zweifel. Für offizielle Anlässe, angemessene Unterbringung z.B. von Gesandten und aufwändige Zeremonien, fehlt hier jedoch der Platz.

Zu Füßen der großen Pyramide erstreckt sich eine Freifläche, die südlich von einem Tempel mit einer schönen Stuckmaske (eine zumindest wurde freigelegt) abgeschlossen wird.

Weiter östlich befinden sich Gebäude, die als Adelsresidenzen dienten. Insbesondere der Komplex El Barrio ist hier zu erwähnen, der aus einer Anzahl von auf Plattformen befindlichen Wohngebäuden besteht, die einen eingelassenen Hof umschließen.

Angesichts der zahlreichen, noch von Wald bedeckten Strukturen der Umgebung kann der Eindruck freilich nur unvollkommen sein. Auch ist zu beachten, dass ein Netz von befestigten Straßen bis in eine Entfernung von etwa 12 Kilometern reichte und kleine Zentren, die zum Herrschaftsbereich Caracols gehörten, mit dem Hauptort verband.

Santa Elena/San Ignacio

Nach dem „Abstecher“ zu den vielen Highlights im Mountain Pine Ridge orientieren wir uns weiter westwärts. Egal ob wir dem Western Highway weiter folgen oder aus dem Mountain Pine Ridge die Cristo Rey Road nach Nordwesten fahren, beide Wege führen uns letztendlich in die Zwillingsstädte Santa Elena/ San Ignacio.

Nur getrennt durch den Macal River sind beide Ortschaften in den letzten Jahren derart expandiert, dass man sie als Einheit betrachtet. Sogar die Politik hat dem Rechnung getragen, die Zwillingsstädte werden von einem Stadtrat mit einem Bürgermeister regiert.

El Cayo, das spanische Wort für Insel, ist trotz der amtlichen Bezeichnungen Santa Elena/San Ignacio noch immer der Name, mit dem die Belizianer Zwillingsstädte nennen. Cayo, eigentlich der offizielle Name für diesen Bezirk, hat bis zum Ausbau des Western Highway seine Berechtigung für die Siedlung am Macal River gehabt Über Jahrhunderte waren die an diesem Ladepunkt für Mahagoni und Chicle siedelnden, meist britischen und kreolischen Holzfäller weitestgehend von der Umwelt abgeschnitten. Bis in den 30er Jahren des 20. Jahrhunderts eine Straße durch den Dschungel geschnitten wurde, dauerte ein Bootstrip den Belize River hinunter bis zur Küste ungefähr 10 Tage. Dies war auch der Transportweg für die Mahagonistämme zu den Schiffen, die das begehrte Holz schließlich hauptsächlich nach England brachten. Zu Pferde war für dieses Unterfangen

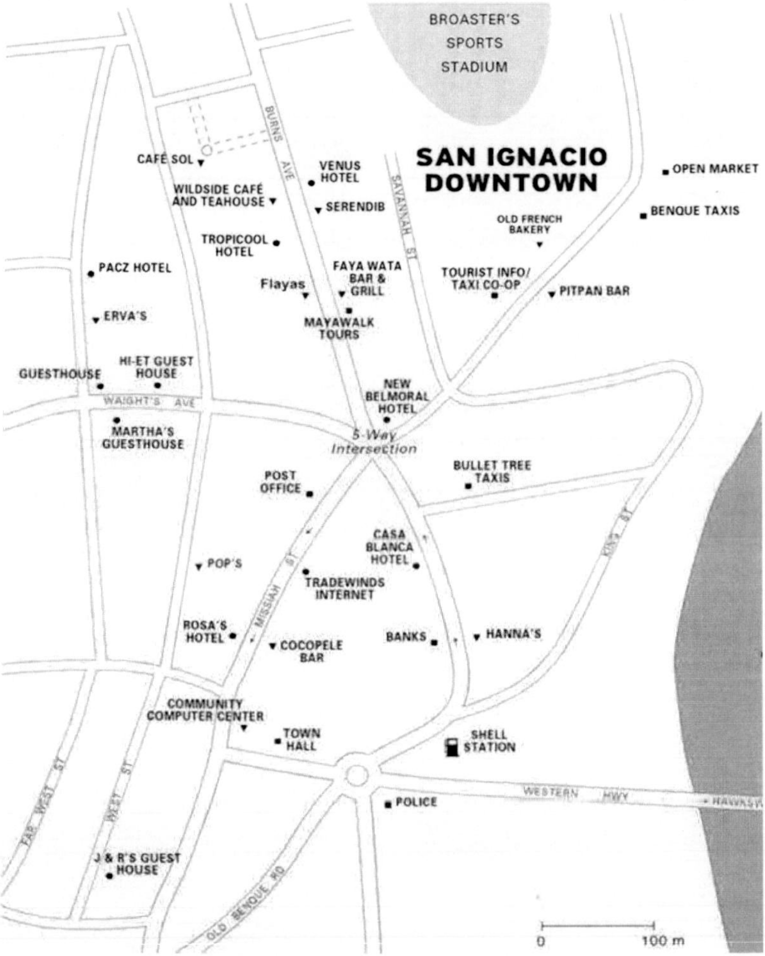

Zentrum San Ignacio

Restaurant am Markt

Schuhputzer

Blick in die Burns Avenue

Mennoniten

Fleischerei

Straßenverkäufer

Flayas in Burns Avenue

Straßenszene San Ignacio

irgendein Zeitraum zwischen zwei Wochen und einem Monat einzuplanen.

Heute sind die Zwillingsstädte, vor allem der Stadtteil San Ignacio, der Anlaufpunkt für viele Touristen, die den Westen des Landes erkunden wollen.

Gelegen auf 7 Bergen über dem Macal River bietet San Ignacio eine schöne Kulisse. Auch wenn es selbst kaum Sehenswürdigkeiten hat, so macht es einfach Spaß, das Flair dieser Stadt zu genießen.

Die Einfahrt von Santa Elena nach San Ignacio erfolgt über eine flache, einspurige Holzbrücke – New Bridge – über den Macal River.

Unmittelbar nach der Brücke liegt links der Markt, der vor allem samstags ein herrliches Spektakel bietet. Aus allen Himmelsrichtungen ziehen Händler herbei und ergänzen das übliche Angebot an Obst und Gemüse. Tiere, Kleidungsstücke, Möbel und Trödel jeglicher Art werden zum Verkauf angeboten. Es ist ein gesellschaftliches Ereignis, die Einheimischen besuchen den Markt in ihren schönsten Kleidern und besten Frisuren.

Neuerdings kann San Ignacio auch ueber eine Umgehungsstrasse angesteuert werden ohne das Zentrum von Santa Elena zu durchqueren. Um auf diesem Weg den Markt in San Ignacio zu finden, fährt man aus dem Kreisverkehr nach der ersten Shell Tankstelle in Santa Elena rechts raus, folgt dieser Strasse für circa 1 km, überquert den Macal River und hält sich direkt nach der Brücke links. Fahren Sie die Strasse nach „Midas Hotel“ ebenso gerade aus wie an der Einmündung nach dem Macal River Park und sie stossen zwangsläufig auf den Markt in San Ignacio.

Um ins Zentrum der kleinen, ungefähr 15000 Einwohner zählenden Stadt zu gelangen, lässt man den Markt links. Von hier sind es nur noch ungefähr 300 Meter bis zu der Kreuzung, die die belebteste Straße San Ignacios schneidet, die Burns Avenue.

Hauptanziehungspunkt, Treffpunkt für Einheimische und Touristen im Herzen San Ignacios ist **Eva's Restaurant**, rechts von der Kreuzung in der Burns Avenue gelegen. 25 Jahre lang (bis 2007) von Bob Jones, einem ehemaligen englischen Soldaten geführt, avancierte Eva's zum bekanntesten Restaurant und Touristeninformationszentrum auf dem Festland Belizes.

Auch das im Jahre 2012 nördlich vom Markt neu erbaute moderne Touristenzentrum mit seinen vielen kleinen Ständen konnte Burns Avenue als Touristenmeile der Zwillingsstädte nicht zurückwerfen.

Mittlerweile zur Fußgängerzone umgewandelt, pulsiert das Leben hier noch immer stärker als in der unmittelbar südlich gelegenen neuen Arena für Touristen, welche von einheimischen Reiseveranstaltern, Restaurants und Andenkenläden besiedelt wird.

Rund um Eva's liegen auch die billigen Hotels der Stadt, deren Preise pro Nacht und Person bei 10 US$ beginnen.

Wer etwas tiefer in die Burns Avenue eindringt, findet, nachdem die Belize Bank passiert ist, auf der rechten Seite das **Serendib**, das einzige sri-lankische Restaurant in Belize und vielleicht in ganz Zentralamerika.

Diejenigen, die etwas gehobenere Unterkünfte suchen, passieren die Hauptkreuzung halblinks in die Hudson Street, fahren an „Choppers Choice" vorbei, bleiben für die nächste Linksbiegung auf der Straße und biegen dann direkt vor dem Polizeipräsidium rechts in die Buena Vista Road ein. Hier liegen das **San Ignacio Hotel** und das **Piache Hotel**, beide mit guter Küche und Blick über das Macal-River-Tal.

Weiter oben auf dem Berg befinden sich die Ruinen von **Cahal Pech** (deutsch: Platz der Zecken). Cahal Pech war zwischen 1000 vor Christi und 800 nach Christi bewohnt. Sie sind nicht so imponierend wie beispielsweise das nahe gelegene Xunantunich, aber für jemanden, der zuvor noch keine Maya-Stätte gesehen hat, doch ganz beeindruckend.

Biegt man an der Polizeistation nicht nach rechts Richtung San Ignacio Hotel ab, sondern bleibt auf der Straße, schließt man den Kreis, in dem man nach Passieren der **Hawkesworth Bridge** wieder in Santa Elena landet. Die Hawkesworth Bridge wurde 1947 gebraucht aus Kanada eingeführt und in einem hohen Bogen über den Macal River und das gesamte Tal gespannt. Sie bietet die Gewähr, dass die Verbindung zwischen Santa Elena und San Ignacio und damit ebenso die Straße nach Guatemala auch dann passierbar ist, wenn die kleine

Holzbrücke, die uns von Santa Elena nach San Ignacio geführt hat, während der Regenzeit im Wasser verschwunden ist.

Dann wird die Einbahnstraße über die Hawkesworth Bridge in zwei Richtungen gefahren. Der Verkehr wird dabei trotz vorhandener Ampeln nahezu immer mit der Hand geregelt.

Jedes Jahr im März treffen sich hunderte Kayaker und Schaulustige aus der ganzen Welt auf dem und am Macal River zwischen der New Bridge und der Hawkesworth Bridge, um den Start zur La Ruta Maya zu erleben. Dieses Vier-Tage-Rennen bis hinein nach Belize City ist mit seinen insgesamt 270 km eines der längsten Kayakrennen der Welt und das wahrscheinlich größte Spektakel Belizes.

Hotels / Resorts / Lodges – eine Auswahl

J&R's Guesthouse $$, 20 Far West Street
Tel.: 00501-824-2502
Moderne Zimmer mit Kabel-TV

Hi-Et Hotel $, West Street, Ecke Waight's Eve
Tel.: 00501-824-2828
Kleine Zimmer, Gemeinschaftsbad

Aguada Hotel $$, 1 Aguada Street, Santa Elena
www.aguadahotel.com; Tel.: 00501-804-3740
Bestes Hotel in Santa Elena, ganztägiges Restaurant

Casa Blanca Hotel $$, Burns Avenue
Tel.: 00501-824-2080; www.casablancaguesthouse.com
Schönes kleines Hotel mit gemeinsamer Küchennutzung

Cahal Pech Village Resort $$,
Tel.: 00501-824-3740 ; www.cahalpech.com
Cabanas und Zimmer in toller Lage auf dem Berg über der Stadt, ca. 2 km vom Zentrum; schönes Restaurant, Pool

Martha's Guesthouse $$, West Street, San Ignacio
Tel.: 00501-824-3674; www.marthasbelize.com
Modern eingerichtete Zimmer, teilweise mit Gemeinschaftsbad

Midas Tropical Resort $$, Branch Mouth Road

Tel.: 00501-824-3172; http://www.midasbelize.com
Cottages und Cabanas am Macal River

San Ignacio Hotel $$$, Buena Vista Road
Tel.: 00501-824-2034; www.sanignaciobelize.com
25 Zimmer, Pool, Tennisplatz, Restaurant, Bar, Diskothek

Restaurants

Hodes, am Macal River Park angesiedelt
Schöner Biergarten mit wohlschmeckenden Speisen verschiedenster Richtungen; kostenloses WiFi

Hanna's, Burns Avenue
Neben der Scotia Bank gelegen.
Derzeit wohl das beliebteste Restaurant im Stadtzentrum, gutes Frühstück, mittelamerikanische und vegetarische Speisen

Cafe Cayo, Burns Avenue
Gute italienische Küche, schöne Terrasse, Internetcafe

Eva's Restaurant, Burns Avenue
Mittelamerikanische Küche, Biergarten, Touristentreff

Serendib, Burns Avenue
Mittelamerikanische und Sri-lankische Küche zum Mittag und am Abend, guter Service und gute Preise

Martha's Kitchen, Waight's Eve
Ganztägig italienische und mittelamerikanische Küche, gute Pizza, Biergarten

Stork Club, Buena Vista Road (im San Ignacio Hotel)
Nichtrauchergaststätte mit guter Küche, Barbetrieb, am Wochenende kulturelle Veranstaltungen

Nachtleben

Princess Casino, Buena Vista Road
(neben dem San Ignacio Hotel)
Beliebter Treffpunkt in der nicht gerade mit Kultur gesegneten Stadt, Roulette, Black Jack und Spielautomaten

The Stork Club, im San Ignacio Hotel gelegen, Karaoke und Livemusik, Tel.: 00501-824-2034

Neben diesen beiden Angeboten werden vor allem an Feiertagen oft kurzfristig angesetzte Konzerte und Partys in den verschiedensten Kneipen der Stadt veranstaltet. Die zur Bekanntmachung eingesetzten Postern und Plakate sind normalerweise nicht zu übersehen, so dass auch interessierte Besucher aktuell auf dem Laufendem gehalten werden.

Touren

PACZ, Burns Avenue; Tel.: 00501-824-0536

Touren zu allen gängigen Spots wie ATM, Xunantunich, Tikal, Caracol; der Leiter des Verkaufsbüros (Bob Jones) lebt seit vielen Jahren in Belize und kennt das Land wie kaum ein anderer.

Explore Belize Tours, Burns Avenue in Evas angesiedelt; Standardangebot und zusätzlich kombinierte Touren Cahal Pech/Vogelbeobachtungen

Mayawalk Tours, Burns Avenue; Gleiches Angebot wie PACZ

Tonis Kanutouren, Burns Avenue im PACZ Büro; Touren auf den 3 Hauptflüssen: Belize River, Mopan River, Macal River

David's Adventure, direkt gegenüber dem Busbahnhof

Spezialisiert auf Touren zur und durch die Barton Creek Cave

Umgebung von San Ignacio

Santa Elena und San Ignacio sind der Dreh- und Angelpunkt für den Tourismus im Westen Belizes.

Im Südosten liegt das Naturschutzgebiet **Mountain Pine Ridge** mit seinen vielen Attraktionen, im Westen die **Vaca Falls**, die Maya-Ruinen **Xunantunich,** die Höhle **Che Chem Ha**, dazu – auf guatemaltekischer Seite – **Tikal**, und im Norden San Ignacios befindet sich mit **El Pilar** eine weitere Maya-Stätte.

Folgt man dem Western Highway Richtung guatemaltekischer Grenze, kommt man nach circa 8 km an die Abzweigung, die zu den 3 bekanntesten Resorts im Westen Belizes führt: **Chaa Creek**, **Sweet Songs Lodge** und **Black Rock River Lodge**.

Jedes der Hotels hat seine Vorzüge. Während Chaa Creek auf Luxus setzt, bewirbt DuPlooy's seinen botanischen Garten und den weißen Sandstrand am Macal River und Black Rock die Lage oberhalb des Macal River bei den Vaca Falls.

Weiter westwärts kommt rechts der Abzweig nach **Clarissa Falls** und dem dahinter liegenden Dorf Carla Creek. Clarissa Falls selbst ist ein kleiner Wasserfall im Mopan River an einem schönen Badespot. Die **Clarissa Falls Lodge** ist direkt am Fluss gelegen und bietet auch Gästen, die nicht zur Übernachtung angereist sind, die Ausleihe von Autoreifen an, mit denen man sich auf einer schönen Tour den Fluss hinunter bis ins Dorf Carla Creek treiben lassen kann.

Am nächsten Abzweig vom Highway nach links erreichen wir wenige Kilometer später **San Jose Succotz**, ein Maya-Dorf nur wenige Meilen vor der Grenze zu Guatemala. Eine handbetriebene Fähre wird benutzt, um den Mopan River zu überqueren und die Ruinen von **Xunantunich** zu erreichen.

Weiter westwärts passiert nicht mehr viel. **Benque Viejo del Carmen**, knapp 2 km vor dem Grenzübergang nach Guatemala gelegen, ist die westlichste Stadt Belizes. Einzige Attraktion hier, dafür aber eine wirklich spektakuläre, ist die **Che-Chem-Ha-Höhle.** Zur Anfahrt der im Vaca-Tal gelegenen Attraktion zweigt man nach dem Fußballstadion in Benque links vom Western Highway Richtung Süden ab und folgt der Straße ungefähr eine halbe Stunde in die Berge. Ein kleines gelbes Schild weist schließlich den Eingang zu dieser Höhle.
Antonio Morales, der die Höhle durch Zufall beim Einfangen von Kühen auf seinem Grundstück gefunden hat, bietet 90–Minuten-Touren in die Katakomben an, in denen noch originale Tonkrüge der Maya zu sehen sind. Mit Leitern und Seilen wird in eine Höhle hinuntergestiegen, die Jahrhunderte zuvor von den Maya offensichtlich teilweise als Lagerraum und teilweise als Zeremonienstätte genutzt wurde.

Verlässt man San Ignacio gen Norden nach Bullett Tree, zweigt knapp 500 m nach Ueberquerung des Mopan River die

Straße nach links Richtung **El Pilar** ab. Es sind noch ungefähr 10 km, teils schwer befahrbare Strasse, bis man diese alte Maya-Stadt erreicht.
15 Jahrhunderte bewohnt (500 vor Christi bis 1000 nach Christi), war El Pilar mit 25 Plätzen und 70 Bauwerken mehr als dreimal so groß wie Xunantunich. Trotzdem erfordert die Erkenntnis der Einzigartigkeit El Pilars einiges an Vorstellungskraft, da der Großteil der Anlagen noch nicht ausgegraben ist.

Xunantunich

Xunantunich, "Steinernes Mädchen", liegt nur wenige Kilometer westlich von San Ignacio in Belize, kurz vor der guatemaltekischen Grenze. Die Ruinenstätte, zu der einige bedeutende Bauwerke gehören, befindet sich auf einem planierten Hügel hoch über dem Mopan River. Während das eigentliche Zentrum nicht sehr groß ist, liegen im umliegenden Wald viele verfallene Strukturen verborgen, so dass die Stätte vor reichlich tausend Jahren eine zweifellos bemerkenswerte Größe hatte.

Über die genaue Besiedlungsdauer und die historische Bedeutung der Stätte ist nur wenig bekannt. In den Jahrhunderten nach der Zeitwende dürften die ersten Bauwerke errichtet worden sein, die dann ständig erweitert wurden. In Inschriften anderer Maya-Stätten wird Xunantunich nach heutigen Erkenntnissen nicht erwähnt, obwohl hier einige Stelen errichtet wurden, die zumindest auf verwandtschaftliche Beziehungen der Herrscherdynastie in Richtung Naranjo verweisen. Angesichts der historischen Situation, die Naranjo in die feindliche Beziehung Tikal – Caracol einbezogen sieht, dürfte auch Xunantunich von diesen Ereignissen des 6.-8. Jahrhunderts nicht unberührt geblieben sein. Immerhin beträgt die Entfernung zwischen Xunantunich und Naranjo in Luftlinie nur etwa 15 Kilometer.

Nach seiner topografischen Lage über dem Mopan River zu urteilen, dürfte Xunantunich ein wichtiger Kontrollpunkt für den Handel von der Küste Belizes ins Innere von Petén gewesen

Cahal Pech: verwinkelte Bauweise

Anfahrt Xunantunich

Blick auf das „Steinerne Mädchen“

Westseite der Akropolis

Luftaufnahme Xunantunich

sein. So gesehen kann die Stadt auch für das am Westhang der Maya Mountains gelegene Caracol nicht uninteressant gewesen sein. Eventuelle Verwicklungen, die sich aus dieser strategisch günstigen Lage ergaben, sind jedoch nicht bekannt. Auch die wenigen beschrifteten Stelen haben die Situation diesbezüglich nicht erhellt.

Im Zusammenhang mit dem Zusammenbruch der klassischen Maya-Kultur im Petén wurde auch Xunantunich im 9. Jahrhundert von seinen Bewohnern verlassen und schließlich vom Regenwald überwuchert. Die gelegentliche Behauptung, ein Erdbeben habe den Untergang von Xunantunich verursacht, darf man ruhig anzweifeln.

Von der etwa zwei Kilometer entfernten Fähre über den Mopan River kommend, betritt man das Ruinengelände im nordöstlichen Bereich, wo sich auch ein hübsches historisches Museum zur Ausgrabungsgeschichte sowie ein kleines Museum mit Stelen befinden.

Ganz im Norden liegt die erhöhte Plaza 3, die von verfallenen Wohngebäuden umgrenzt wird. Hier dürften sich die Wohnungen wichtiger Adliger befunden haben.

Südlich erhebt sich die schätzungsweise 12 Meter hohe Struktur A-1, die gewissermaßen den Mittelpunkt des antiken Zentrums markiert. Die weiter südlich befindliche Plaza A-1 wird von ähnlich bedeutenden Bauwerken umgrenzt. Mit Blick auf die östlichen Strukturen A-2 bis A-4 stellt sich die Frage, ob es sich hier um eine der so genannten E-Gruppen gehandelt haben kann, die einst der astronomischen Beobachtung bestimmter Sonnenaufgänge dienten. Dominant und auf vielen Postkarten präsent, erhebt sich die mächtige Pyramide "El Castillo" (A-6) ganz im Süden des historischen Zentrums. Die Pyramide ragt etwa 42 Meter auf. Eine breite Freitreppe führt zu den auf einem Absatz stehenden Wohnresidenzen in etwa 20 Meter Höhe, hinter denen sich ein weiterer Pyramidenaufbau erhebt, dessen obere Plattform von einem Tempel eingenommen wird, der mehrere überwölbte Räume umfasst. Von dort oben hat man einen beeindruckenden Fernblick über weite Teile von Belize und das angrenzende Guatemala.

Der obere Bereich der Pyramide war von einem Stuckrelief umgeben, das religiöse Bezüge und göttliche Masken zeigt. Um die Reliefs zu schützen, wurden sie im Zuge der Rekonstruktionsarbeiten vor einigen Jahren durch Vorbauten aus Glasfiber überdeckt.

Etwas nordwestlich der großen Pyramide befindet sich ein Ballspielplatz mit abgeschrägten Seitenwänden in recht gutem Zustand. Die zahlreichen nordwestlich (Gruppe B) und südlich (Gruppe C) im Wald verstreuten Ruinen lohnen kaum den Besuch, da sie niedrig und stark verfallen sind.

Für Souvenirjäger: An der Fähre nach Xunantunich gibt es eine grosse Auswahl an Mitbringseln zu excellenten Preisen.

Der Westen in der Übersicht
(ohne San Ignacio und Mountain Pine Ridge)

Hotels / Resorts / Lodges – eine Auswahl

(von Ost nach West)

Maya Hill Lodge $$$, 57 Mls. Western Highway
Tel.: 00501-629-1900; http://www.mayahill.bz
Bungalows verschiedener Ausstattung fuer bis zu 6 Besucher; deutsche Besitzer; Pool, kleiner RV-Park, Autovermietung

Nina's Place $$, 57 Mls. Western Highway
Tel.: 00501-637-6701; www.explore-belize.com
Schoene Lodge mit 4 Cabanas, Outdoor-Duschen und –Toiletten, direkt am Western Hwy mit kleinem Restaurant; WiFi

Peter Wolfs Green Valley Inn $$,
58 Mls. Western Hwy, Unitedville
Tel.: 00501-605-4640; www.belize24.de, www.wolfs-tours.de
Kleine Lodge in zentraler aber dennoch ruhiger Lage; 4 gemütliche kleine Zimmer; jeweils mit Veranda, privatem Bad und tollen Outdoor Duschen; 1 Baumhaus und 1 Appartment; dazu kleiner Pool, Frühstück, WiFi; deutscher Besitzer mit eigenen Tourangeboten; (excellente Verkehrsanbindung innerhalb des Landes sowie nach Mexiko und Guatemala, sehr gut als Ausgangspunkt für Touren gelegen)

Lower Dover Jungle Lodge $/$$, Abfahrt vom Western Highway in Unitedville nach Norden (ist ausgeschildert); Tel.: 00501-605-4640; www.**lowerdoverbelize**.com

Auf Rucksacktouristen ausgerichtete Lodge mit verschiedenen Cabanas (vom Schlafhaus- bis zur King-Size-Bett-Cabana), Küche und Bier für Gäste verfügbar, eine eigene Maya-Ruine befindet sich auf dem Grundstück

The Trek Stop $, Benque Rd., San José Succotz Village, Cayo Tel.: 00501-823-2265; www.thetrekstop.com.

10 Kilometer westlich von San Ignacio auf der Südseite des Western Highway gelegen; Rucksacktouristen finden günstige Häuschen mit Außendusche und -toilette

The Lodge at Chaa Creek $$$$, Chial Road Tel.: 00501-824-2037; www.chaacreek.com

Die Nummer-1-Lodge im Westen des Landes mit vielen internationalen Auszeichnungen; verschiedene luxuriöse Suiten; Restaurant, Bad mit Massagen, Schmetterlingsfarm, historisches Museum;

Anfahrt: Knapp 9 km westlich von San Ignacio führt die Chial Road gen Süden. (Chaa Creek, duPlooys und Black Rock Lodges sind an der Kreuzung und von dort aus ausgeschildert.)

Sweet Songs Lodge $$$, San Ignacio, Cayo, Tel.: 00501-824-3101; www.duplooys.com

Nachbar von Chaa Creek am Macal River, lockerere Atmosphäre; botanischer Garten mit ca. 2500 verschiedenen Bäumen und 120 Orchideenarten; verschiedene Unterkünfte vom Bungalow bis zum Familienappartment.

Black Rock River Lodge $$$; Negro Man Road Tel.: 00501-820-3929; www.blackrocklodge.com

8 Cabanas (Strom, Wasser) über dem Macal River, Restaurant und Bar; Anfahrt: Auf der Straße nach Chaa Creek ist Black Rock ungefähr 4 km nach Verlassen des Western Highways nach rechts ausgeschildert.

Ek'Tun Lodge $$$, Macal River Tel.: 00501-820-3002; www.ektunbelize.com

2 völlig abgelegene, rustikale Cabanas mit Kerosinlampen für bis zu 5 Leute am Macal River im Dschungel; der Fluss kann nicht mit dem Auto durchquert werden, so ist es wichtig, Übernachtungen und Anreise im Vorfeld zu klären.

Vanilla Hills $$$, im Norden von San Ignacio
Tel.: 00501-634-0011; www.vanilla-hills.com
Nr.1 in TripAdvisor, 2 excellente Cabanas, ein Baumhaus und eine Villa am Mopan River, alle Unterkünfte mit Bad, Küche, Wifi und Safe. Anfahrt unter: http://vanilla-hills.com/find-us/

Restaurants

Nina's, 57 Mls. Western Highway; Tel.: 00501-621-5765; Regionale Speisen und Snacks.

Orange Gift Shop & Guesthouse; 61 Mls. Western Highway, Tel.: 00501-823-2341;
Restaurant, Cafe und Bar mit tollem Souvenirladen, angenehme Atmosphäre, leicht gehobene Preise.

Clarissa Falls, Abfahrt vom Western Highway an Meile 75 nach Norden, ca. 1 km Fahrt auf unbefestigter Straße, am Macal River gelegen; von Maya-Familie geführtes Restaurant mit einheimischen, vernünftig gepreisten Speisen, schöne Lage.

Anmerkung: Entlang des Highways Öffnen und schliessen nahezu täglich kleine einheimische Kneipen. Es gilt: Augen offen halten, stoppen und probieren.

Wassersport/Reiten/Touren

Kanutouren und -Vermietung, River- und Cavetubing
auf dem Belize-, Macal River und Caves Branch;
individuelle Ausflüge unter anderem in die **Mountain Pine Ride, nach Barton Creek, zum Belize Zoo sowie Tages- und Halbtagestouren auf dem Pferd,** deutschsprachige Tourguides, **Wolf's Tours**, Tel.: 00501-605-4640
57 Miles Western Highway; www.wolfs-tours.de

Fahrt in den Süden

Wie schon erwähnt, führen fast alle Wege in Belize über Belmopan. Zwar kann man von Belize City kommend auch auf die Küstenstraße am Meilenstein 30 vom Western Highway abzweigen, um die erste Etappe Richtung Süden zu bewältigen, aber der Zustand dieser Piste ist so schlecht, dass man seinem Auto lieber den Umweg über Belmopan zumutet. Und der Umweg zahlt sich nicht nur wegen des Straßenzustands aus. Der **Hummingbird Highway** zählt zu den landschaftlich schönsten Straßen in Zentralamerika. Leider sind in den letzten Jahren einige Quadratkilometer Dschungel durch Orangenplantagen ersetzt worden, aber die Fahrt durch die nördlichen Ausläufer der **Maya Mountains** hat noch immer ihren Reiz.

Die Fahrt von Belmopan nach Dangriga dauert ungefähr eine Stunde. Unterwegs gibt es Möglichkeiten um verschiedensten Aktivitäten nachzugehen.

So bietet sich sich ein Stopp am **Blue Hole National Park** an. Hier gibt es Wanderwege verschiedenster Schwierigkeitsgrade, dazu die Erkundung der **St. Hermanns Höhle** und ein Bad im **Blue Hole** selbst.

Für die richtigen Abenteurer werden an den **Angel Falls** ein ganzes Paket an Extremen bereitgehalten. Damit wird eine Auswahl zwischen einer „Extrem Zipline" und einem „Extrem Abseilen" entlang der Wasserfaelle angepriesen.

Auch ein Abstecher zu dem 60 Meter herunterstürzenden Wasser des **Davis Falls** bietet sich an. Für Letzteres sollte allerdings etwas mehr Zeit als eine Kaffeepause eingeplant werden. Die in Alta Vista Village lapidar ausgezeichneten 9 Meilen vom Highway zu diesen prächtigen Wasserfällen entpuppen sich als abenteuerliche Anfahrt mit 7 Flussdurchquerungen und anschließender 45-minütiger Wanderung durch jungfräulichen Regenwald. Aber – der Exkurs lohnt sich in jedem Fall. Am Ende der Tour lädt ein Pool am Fuße des Wasserfalls zu einem erfrischenden Bad ein.

Einen Abstecher auf dem Ritt nach Dangriga ist **Gales Point** wert.

9 km vor Dangriga zweigt der Southern Highway vom Hummingbird Highway ab. Hier beginnt die zweite Etappe Richtung

Süden. Obwohl dieser Highway bis ganz hinunter nach Punta Gorda führt, unterteile ich ihn in die zweite und die dritte Etappe.

Ungefähr 10 km nach dem Abzweig vom Hummingbird Highway, lädt der **May Flower National Park** mit dem herrlichen **Antelope-Wasserfall** zu einem Stopp ein.

Zurück auf dem Southern Highway passiert man weiter südlich die Abzweigungen nach **Hopkins**, **Sittee River,** in das **Cockscomb Basin Wildlife Sanctuary** und nach **Placencia**. Weitere 35 km später gabelt sich der Southern Highway in die Straße nach **Independence**, **Big Creek** und **Mango Creek** sowie der Weiterführung des Highways gen Punta Gorda..

Big Creek – der einzige Hafen Belizes, den Schiffe mit Tiefgang anlaufen können und seit den Ölfunden in Belize 2005 auch Anlaufstelle der Öl-Laster zum Entladen ihrer Fracht auf Tanker – und Mango Creek mit seiner Fährverbindung nach Placencia, scheinen den letzten Verkehr vom Highway zu saugen.

Der Rest der Strecke nach Punta Gorda – die dritte Etappe – wird dann einsam. So kann es denn vorkommen, dass einem eine halbe Stunde kein Auto entgegenkommt.

Gales Point/Südliche Lagune

Beide, das kleine von Baumfällern gegründete Dorf und auch die Halbinsel, die 3 km in die südliche Lagune führt, werden Gales Point genannt.

Die Lagune als Bestandteil einer ausgedehnten Einmündung in die Karibik, ist umgeben von einem dicken Mangrovengürtel und somit ein ausgezeichnetes Umfeld für Brutplätze von Fischen Krabben, Garnelen und Hummern.

Der dominierende Anziehungspunkt für Besucher sind allerdings die Manatees. Diese liebevollen, plumpen Seekühe finden im Seegras des Grundes ausgezeichnete Nahrungs- und Lebensbedingungen. Sie können an der Wasseroberfläche beim Sonnen beobachtet werden.

Aber auch wenn die Sonne nicht scheint kommen diese Säugetiere an die Oberfläche. Ungefähr alle vier Minuten wird aufgetaucht um Luft zu holen.

Hummingbird Highway

Tamales-Verkauf am Hummingbird

Dangriga Symboltrommeln

Dangriga Hafen

Strand Hopkins

Strand Placencia

Italienisches Eis in Placencia

Hellrote Aras in Red Bank

Gales Point ist ungefähr 20 km nördlich von **Dangriga** und 40 km südlich von **Belize City** gelegen.

Mit dem Auto biegt man ca. 10 km vor Dangriga vom Hummingbird Highway nach links in die Coastal Road (ist ausgeschildert) ein. Während der Regenzeit ist diese Anreise aufgrund der Straße allerdings ein riskantes Unterfangen.

Die Alternative ist eine schöne Bootsfahrt von Belize City. Das Boot windet sich durch mit Mangroven gesäumte, enge Kanäle auf dem **Sibun River**, bevor es erst die nördliche, dann die südliche Lagune passiert und schließlich in Gales Point anlegt.

Übernachtung in Gales Point

Manatee Lodge $$, Gales Point; Tel./Fax: 00501-220-8040; www.manateelodge.com

Koloniale Atmosphäre, 8 Zimmer mit poliertem Holzflur in einem Gebäude direkt an der Lagune

Das Hotel bietet Bootstouren in die Lagune zu den Manatis an.

Dangriga

Die Garifuna-Stadt Dangriga ist nicht unbedingt für einen längeren Aufenthalt ausgelegt, als Zwischenstopp auf dem Weg in den Süden bietet sie aber durchaus ihren Reiz.

Die Hauptstraße, St. Vincent Street, ist benannt nach der Insel, von der die Garifuna auf ihrer Odyssee in die Freiheit im Jahre 1797 aufgebrochen und schließlich an der Küste Belizes gelandet sind.

Links und rechts der Straße bieten kleine Läden ihre Waren feil, Straßenhändler verkaufen Snacks und Tourführer preisen Überfahrten auf die vorgelagerten Inseln an.

Das Ganze geschieht ohne jegliche Hektik und macht ganztägig eher den Eindruck eines trägen Dahinschlummerns, dem sich der Besucher gern hingibt.

Zweimal überqueren Brücken kleine Kanäle, die sich aus dem Hinterland ins Meer ziehen. Biegt man hinter der zweiten Brücke nach rechts Richtung Meer ab, kommt man zum Markt. Hier werden unterschiedlichste Waren, vom frischen Fisch, über

Gemüse bis hin zu billigen Kleidungsstücken an den Mann gebracht.

Direkt hinter dem Markt liegt ein Teil von Dangrigas schönem Sandstrand. Das Meer ist zwar nicht so klar wie einige Meilen weiter ostwärts, es lädt aber trotzdem zu einem Bad im warmen Wasser ein. Wer der Sicherheit seines Autos nicht so recht traut, kann es direkt am Strand vor der Polizeiwache oder der Krankenkasse (Social Security) parken.

Nur ein paar Meter nördlich befindet sich das Fußballstadion. Dangriga hat in den vergangenen Jahren eine gute Rolle im belizianischen Fußball gespielt. Obwohl dieser Sport, wie auch die anderen Sportarten in Belize, international nur drittklassig ist, ist ein Fußballspiel der ersten Division hier jedes Mal ein Spektakel. Die einheimischen Fans trommeln ihren Jungs unermüdlich über die ganze Spielzeit hinweg in Richtung gegnerisches Tor. Auch für diejenigen, die keine Fußballfans sind: das Spektakel an sich ist einen kurzen Stopp wert.

Da die St. Vincent Street in der Innenstadt Einbahnstraße ist, ist man gezwungen, die Stadt auf der entgegengesetzt führenden Straße einen Block westlich zu verlassen. Diese Route führt durch die Slums der Stadt und bietet ein ziemlich gegensätzliches Bild zur Hauptstraße.

Am 19. November, dem **Garifuna Settlement Day**, erwacht die 10000 Einwohner zählende Stadt zum Leben. Mit farbenfrohen Umzügen und anderen Attraktionen wie Wetttrommeln und Livekonzerten wird die Ankunft der ehemaligen Sklaven gefeiert. Aber nicht nur die Teilnehmer der Paraden haben sich geschmückt. So manche ältere Dame hat die traditionelle Tracht hervorgeholt und zeigt diese stolz der Öffentlichkeit.

Wer allergisch gegen Krach und übersteuerte Musik ist sollte Dangriga an diesem Tag meiden.

Nicht unerwähnt sollte bleiben, dass Dangriga die Heimatstadt eines der großen lebenden belizianischen Künstler – Pen Cayetano – ist. Nicht nur als Maler, auch als Erfinder des Punta Rock hat Pen sich international einen Namen gemacht. Unter www.cayetano.de kann man ihn und seine deutsche Frau Irene kontaktieren.

Hotels / Resorts / Lodges – eine Auswahl

Pelican Beach Resort $$/$$$, Scotchman Town, im Norden der Stadt, Tel.: 00501-522-2044, www.pelicanbeachbelize.com
Strandlage mit Pier ins Meer; 20 Zimmer, 8 davon mit Klimaanlage; Restaurant; östlich des Flugfeldes von Dangriga gelegen

Chaleanor Hotel $, 35 Magoon Street
Tel.: 00501-522-2587; E-Mail: chaleanor@btl.net
Günstiges Hotel mit großen, sauberen Zimmern, alle haben ein eigenes Bad, manche TV und Klimaanlage; ein angrenzendes Gebäude bietet Zimmer mit Gemeinschaftsbad

Jungle Huts $, am 2. Kanal; ca 500m vom Riverside Cafe.
Tel.: 00501 522 0185; E-Mail: junglehutsresort@gmail.com
3 Hütten aus Stein inkl. Bad/WC AC, Fan, Kühlschrank und TV

Weitere preiswerte Hotels wie **Kennedy Club** und **Eden Rose** sind in der Nähe des Postamtes zu finden.

Restaurants

Da der Tourismus in Dangriga eine untergeordnete Rolle spielt, ist die Gastronomie weitestgehend auf einheimische Geschmäcker und Geldbeutel zugeschnitten. Somit ist es nicht verwunderlich, dass neben den landesweit üblichen Grillständen an den Straßenseiten auch hier eine ganze Reihe chinesischer Lokale den Markt bedienen.

Hervorzuheben ist allerdings das **Riverside Cafe** auf der Südseite des zweiten Kanals. Der frisch gefangene und gegrillte Fisch ist die Attraktion auf der Speisekarte.

Vor dem Restaurant warten meist Bootsbesitzer um Transfers zu den vorgelagerten Inseln zu verkaufen.

Wer auf etwas gehobenere Atmosphäre besteht, der sollte sich auf den Weg ins **Pelican Beach Resort** im Norden der Ortschaft machen und die Küche des dortigen Hotels probieren.

Ebenfalls im Norden Dangrigas hat sich in dem sechseckig gebauten **Round House** eine Diskothek angesiedelt.

Mayflower National Park

Der Mayflower Bocawina National Park, der nach einer der alten Maya-Stätten in diesem Gebiet benannt wurde, besteht aus über 7000 Morgen schönem Mischwald und Dschungel inmitten eines Terrains.

Knapp 10 km nach der Abzweigung des Southern Highway vom Hummingbird fährt man nach rechts von der Straße und folgt der unbefestigten Strecke für weitere 6 km direkt zum Besucherzentrum des Parks. Die vielfältige Tierwelt in diesem Teil Belizes umfasst neben verschiedenen Papageienarten, **Ameisenbären**, **Brüllaffen** und **Coatimundis (Nasenbären)** auch den **Roten Macaw (Hellroter Ara)**, der unweit vom Mayflower Park in **Red Bank** nistet.

Es gibt verschiedene Wanderwege, von denen einige als anspruchsvoll eingeschätzt werden. Der Anstieg am **Antelope Waterfall** zählt dazu und sollte in jedem Falle fit, mit Hut, Wasserflasche und festem Schuhwerk angegangen werden.

Von Mama Noots Eco Jungle Resort (www.mamanootsbelize.com), einem inmitten des Park gelegenen Resort, kann man auch geführte Abenteuer starten. Der Höhepunkt dabei ist sicherlich das Abseilen in den Wasserfall hinein.

Die Tour startet mit einer ca. 1-stündigen herausfordernden Wanderung durch den Dschungel hinauf auf den Gipfel der Fälle. Der schweißtreibende Aufstieg kann mit einem Bad im glasklaren Wasser vergessen gemacht werden. Anschließend geht es je nach Mut oder Laune zwischen 100 und 170 Meter am Seil durchs Wasser hinab zurück zum Ausgangspunkt der Tour.

Ein weiteres Erlebnis bietet eine Zipline-Tour durch den Dschungel. Diese spektakuläre 1,5-stündige Tour über 15 Plattformen ist mit einer Fahrstrecke von insgesamt immerhin 1800 Metern die längste dem Autor bekannt Zipline in Mittelamerika.

Hopkins

– ein Garifuna-Dorf südlich von Dangriga mit ungefähr 1200 Einwohnern, die in anspruchslosen und teilweise baufälligen Holzhäusern wohnen, wurde 1942 besiedelt, nachdem ein Hurrikan die bisherige Heimat der Garifuna – New Town – etwas nördlich des heutigen Hopkins vernichtet hatte.

Benannt ist es nach **Frederick Charles Hopkins**, einem katholischen Bischof, der Anfang des 20. Jahrhunderts lebte.

Es dauerte keine zwanzig Jahre, bis Hopkins selbst Opfer eines Hurrikans wurde. Hattie planierte die Ortschaft 1961.

Weitere dreißig Jahre später brachte man Hopkins Elektrizität und Telefonanschlüsse. Danach dauerte es nicht mehr lange bis das verschlafene Fischerdorf mit seinem langen Sandstrand von Touristen und für Touristen entdeckt wurde.

Obwohl in den letzten Jahren Hotels und Resorts entstanden sind und ein großes Bauprojekt den Norden des Dorfes mit Eigentumswohnungen zugepflastert hat, ist Hopkins glücklicherweise noch weit vom Bauboom im südlicheren Placencia entfernt.

Das Leben spielt sich hauptsächlich entlang der Dorfstraße ab. Auf beiden Seiten wechseln sich die vernachlässigt wirkenden Bauten der Ortsansässigen mit kleinen schmucken Gästehäusern, winzigen Souvenirläden und einheimischen Restaurants ab. Trotz der Bauaktivitäten im Norden zieht sich das touristische Zentrum Richtung Süden bis Sittee Point hin, wo sich die größeren Resorts (Jaguar Reef, Hamanasi und andere) angesiedelt haben.

Hopkins ist ein paar Tage des Relaxens und einen Drink bei Oliver, dem WindSchief, wert, allerdings sollte man sich darauf einstellen, dass hin und wieder Sandfliegen den Aufenthalt etwas unangenehm gestalten können.

Wer nicht nur der Sonne und dem Meer frönen will, findet rund um Hopkins im **Mayflower Park** und im **Cockscomb Basin Wildlife Sanctuary** Möglichkeiten, die vielfältige Flora und Fauna Belizes kennen zu lernen.

Hopkins

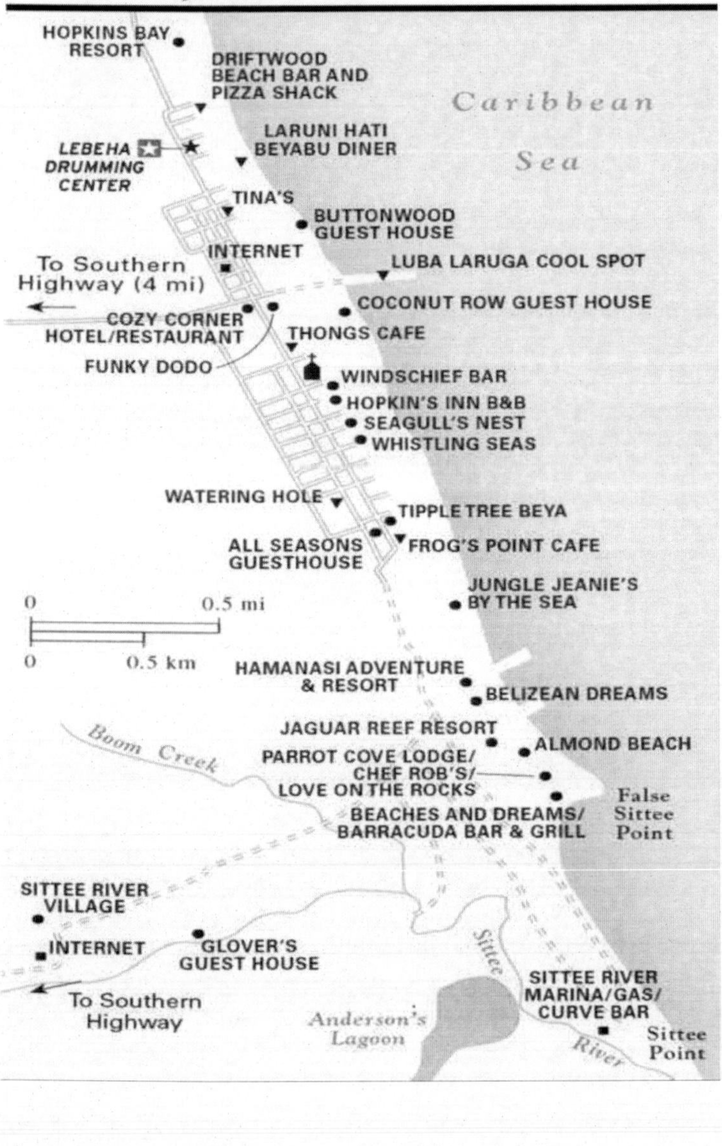
HOPKINS BAY RESORT
DRIFTWOOD BEACH BAR AND PIZZA SHACK
Caribbean Sea
LARUNI HATI BEYABU DINER
LEBEHA DRUMMING CENTER
TINA'S
BUTTONWOOD GUEST HOUSE
INTERNET
To Southern Highway (4 mi)
LUBA LARUGA COOL SPOT
COCONUT ROW GUEST HOUSE
COZY CORNER HOTEL/RESTAURANT
THONGS CAFE
FUNKY DODO
WINDSCHIEF BAR
HOPKIN'S INN B&B
SEAGULL'S NEST
WHISTLING SEAS
WATERING HOLE
TIPPLE TREE BEYA
ALL SEASONS GUESTHOUSE
FROG'S POINT CAFE
JUNGLE JEANIE'S BY THE SEA
0
0.5 mi
0
0.5 km
HAMANASI ADVENTURE & RESORT
BELIZEAN DREAMS
JAGUAR REEF RESORT
ALMOND BEACH
Boom Creek
PARROT COVE LODGE/ CHEF ROB'S/ LOVE ON THE ROCKS
False Sittee Point
BEACHES AND DREAMS/ BARRACUDA BAR & GRILL
SITTEE RIVER VILLAGE
INTERNET
GLOVER'S GUEST HOUSE
Sittee
SITTEE RIVER MARINA/GAS/ CURVE BAR
To Southern Highway
Anderson's Lagoon
River
Sittee Point

Hotels / Resorts / Lodges – eine Auswahl

Hamanasi $$$; Sittee Point
Tel.: 00501-520-707; www.hamanasi.com
Das Top-Resort in Hopkins, Strandlage, verschiedene Unterkünfte vom Zimmer bis zur Suite am Strand und Baumhaus; Pool, Restaurant, Bar, Souvenirladen, Exzellentes Tauchen

Jaguar Reef Lodge $$$, Sittee Point,
Tel.: 00501-520-7040; www.jaguarreef.com
Schöne Villen gehobener Klasse an eigenem 300 Meter langen Sandstrand, Restaurant, Bar, Souvenirladen, Pool, Internet, Touren ins Inland

Belizean Dreams $$$, Hopkins
Tel.: 00501-523-7272; www.belizeandreams.com
Anspruchsvolle Villen am Strand bzw. mit Meeresblick neben Jaguar Reef Lodge; die Villen können als Einheit oder per Schlafzimmer reserviert werden.
Preise: US$ 225-500 Saison, sonst: US$ 165-375

Beaches and Dreams Seafront Inn $$$; Sittee Point
Tel.: 00501-523-7259; www.beachesanddreams.com
8 Zimmer in Bungalows am Strand, schön ausgestattet mit Rattan-Möbeln,

Hopkins Inn B&B $$; Hopkins
Tel.: 00501-523-7013; www.hopkinsinn.com
Attraktive, saubere Cabanas direkt am Strand mit Bad, Kühlschrank, Ventilator und Veranda mit Seeblick;

All Seasons Guesthouse $$**;** Hopkins,
Tel.: 00501-523-7209; www.allseasonsbelize.com
2 Apartments mit Kochecke am Strand, 1 Strandcabana mit Küche, dazu 4 bequeme Zimmer im Hauptgebäude circa 50 Meter vom Strand mit Kühlschrank, Kaffeemaschine, Ventilator

H + Tipple Tree Beya Inn $; Hopkins
Tel./Fax: 00501-520-7006; www.tippletree.com

Restaurants

Nahezu alle Resorts haben eine ausgezeichnete internationale Küche und bedienen in ihren Restaurants auch Gäste, die dort nicht übernachten. Das Beste in dieser Kategorie bietet das **Barracuda Bar & Grill** im **Beaches and Dreams Seafront Inn** und **Hamanasi**.

Für alle, die es etwas preiswerter und trotzdem gut wollen, empfehlen sich das indische Restaurant **The Taste of India** in der Dorfmitte direkt am Strand gelegen und die **Nordbeach Bar**.

Darüber hinaus gibt es eine Reihe einheimischer Lokale wie **Innie's**, **Iris's** and **Yugadah Café**, die Fisch, Hummer und Huhn aus ihren Häusern heraus anbieten.

Nicht zuletzt gehören **Frog's Point** und **Thongs Cafe** in diese Rubrik. Beide Restaurants sind an der Hauptstraße gelegen, beide haben deutsche Betreiber und beide servieren leckeres Essen. Im Frog's Point erwarten Euch Regina und Peer, in Thongs Cafe Uwe und seine Frau Tanja.

Wassersport

Surfschule WindSchief; Tel.: 00501-523-7249

Surfschule, Strandbar und Internetcafe mit WiFi-Zugang; direkt am Strand neben Hopkins Inn gelegen, deutschsprachiger Inhaber

Tauchen

Second Nature Divers; Tel.: 00510-523-7038

Eigene Tauchschule gegenüber Jaguar Reef Resort; Equipment-Verleih, individuelle Trips

Hopkins Divers; Tel.: 00501-520-707 (im Hamanasi)

Mehrere Tauchboote, fahren zum Riff, zu Glovers Atoll und Turneffe Island, Preise ab 110 US$ für 2 Tauchgänge

Touren

Die kleinen Hotels sind familiär geführt, so dass der Eigentümer die Zeit findet, seinem Gast individuell Tipps zu geben und Touren zu seinem favorisierten Tourguide zu vermitteln.

Die großen nehmen auch dieses Kapitel selbst in die Hand und bieten die Teilnahme auch Urlaubern, die nicht in deren Lodge eingecheckt haben.

Hamanasi; Tel.: 00501-520-707

Jaguar Reef Lodge; Tel.: 00501- 520-7040
Beide bieten Tagestouren zu verschiedensten Sehenswürdigkeiten im Inland an.

Neben den Standards gibt es auch den Exoten. In **Sittee Point** werden Bootstouren in die Mangroven durchgeführt. Diese 3 stündigen Ausflüge sind allerdings nicht ganz billig – für US$ 150 pro Person ist man dabei.

Relaxen

Butterfly Spa; direkt neben Jaguar Reef Resort gelegen
Beliebtes Relaxstudio mit Massagen in schöner Atmosphäre.

Cockscomb Basin Wildlife Sanctuary

Wer den "wirklichen Dschungel" kennen lernen will, ist im Cockscomb Basin Wildlife Sanctuary richtig. Dieses Reservat umfasst 370 Quadratkilometer Regenwald aus bis zu 40 Meter hohen Bäumen und anderen exotischen Pflanzen. Mit dem 1124 Meter hohen **Doyle's Delight** und dem 1120 Meter hohen **Victoria Peak** beherbergt es außerdem die zwei höchsten Erhebungen des Landes. Die Mehrtagestouren zu den Gipfeln, auf denen die Verpflegung mitgetragen werden muss, sind sehr anspruchsvoll und sollten nur von körperlich trainierten Besuchern gewagt werden.

Das Naturschutzgebiet beherbergt eine Population von ungefähr 200 Jaguaren, von denen hin und wieder Fährten zu entdecken sind. Die anderen vier Wildkatzenarten des Landes sind hier ebenso zu Hause wie 300 Spezies von Vögeln, Brüllaffen und Schlangen aller Art. Die beste Zeit die Tierwelt zu beobachten ist am Anfang der regnerischen Jahreszeit, normalerweise Mitte Juni bis in den frühen August. Die Tiere sind an kühleren, wolkigen Tagen höchst aktiv.

Die Einfahrt ins Cockscomb-Basin-Wildlife-Sanctuary-Reservat erfolgt ungefähr 12 km südlich des Abzweigs nach Hopkins Richtung Westen. Direkt an der Straße wird die Parkgebühr entrichtet, bevor man weitere 8 Kilometer in den Dschungel hinein zum eigentlichen Parkeingang fährt.

Hier beginnen in Bezug auf Dauer und Schwierigkeit verschiedene Routen durch den Park. Sie sind gut ausgeschildert. Um Details zum Dschungel, zu den Tieren oder zur Verwendung verschiedener Pflanzen als Heilmittel zu erfahren, empfiehlt es sich jedoch einen einheimischen Führer zu engagieren.

Für eine kleine Wanderung zwischendurch ist der **Wari Trail** mit seinen 3,7 Kilometern ideal, Es geht fast ohne Höhenunterschiede meist durch schattigen Dschungel. Nur mit Glück finden Begegnungen mit wilden Tieren von Angesicht zu Angesicht statt. Spuren und Geräusche von denen jedoch belegen deren Gegenwart. Vor allem Brüllaffen sind nicht zu überhören, Der aufmerksame Wanderer kann Fussspuren von Tapiren, Hirschen und Jaguaren sehen, ein kleiner Teich am Wegesrand beherbergt Süßwasserschildkröten.

Placencia

Die Halbinsel Placencia gehört zu den Touristenhochburgen in Belize. Im Gegensatz zu Ambergris Caye und Caye Caulker bietet Placencia ausgedehnte Sandstrände.

Placencia bietet mittlerweile auch kulinarisch einiges. Kneipen, Restaurants, Sport Bars und Coffeeshops sind in den letzten Jahren aus dem Boden geschossen. Besonders empfehlens-wert sind „**Tutti Frutti**" mit seinem excelentem Angebot an italienischem Eis und der hervorragende Kaffee in „**Above Grounds**". Beide sind südlich des Fussballfeldes auf der linken Seite der Srasse angesiedelt.

Obwohl die Zufahrtsstraße der Halbinsel mittlerweile geteert ist, macht das Fahren nur mit Einschränkungen Spaß. Unzählige Geschwindigkeitshindernisse (Speed Bumps) wurden in die Straße verschwendet.

Wer weniger stressig nach Placencia kommen will, der kann von Ladyville oder Belize City aus fliegen oder in **Mango Creek** für 5 US$ die Honkey-Ponkey-Fähre nehmen.

Nimmt man die neu erbaute Straße, dann passiert man mit **Maya Beach** und **Seine Bight** zwei Dörfer, bevor man in das am südlichen Zipfel der Halbinsel gelegene Placencia vordringt.

Seine Bight ist 8 km und Maya Beach 11 km nördlich von Placencia gelegen. Beide Dörfer beherbergen nur eine überschaubare Anzahl Touristen und bieten damit zum Hauptort vergleichsweise leere und sauberere Strände. Aber: Im Gegensatz zu Maya Beach – einem (noch!) ziemlich unbewohnten Fleckchen Erde – sollten Touristen in Seine Bight etwas vorsichtig sein. Der erste Eindruck in dem ziemlich schmuddeligen Ort trügt nicht, Diebstähle sind eine einkalkulierte Einnahmequelle der dort lebenden Einheimischen.

Wer nicht mit einem Mietwagen anreisen sollte, muss sich vor allem bewusst sein, dass die Entfernungen zwischen den Resorts oder den Dörfern für beispielsweise ungeübte Fahrradfahrer doch teilweise erheblich sind. Bitte bedenken Sie dies bei der Entscheidung, in welchem der Dörfer die Unterkunft sein soll. Wenn man nicht direkt in Placencia verweilt, wird man damit überwiegend auf das Angebot im Restaurant des Hotels angewiesen sein, was einen erheblichen Preisunterschied zu einem gelegentlichen Snack in einer einheimischen Kneipe darstellt. Natürlich gibt es ausreichend Taxen, die gern die Tour nach Placencia und zurück übernehmen, aber auch die haben ihren Preis.Auf dem Weg nach Placencia passiert man große Bauprojekte.

In Riversdale, noch vor der Kurve auf die eigentliche Halbinsel, versucht sich ein Investorenpool am Bau eines internationalen Flughafens. Leider dringen kaum ernsthafte Informationen an die Öffentlichkeit, aber der äußerst langsame Baufortschritt und die längeren Ruhepausen lassen eine neue Investruine erahnen. Gehen wir mal nicht davon aus, dass die Macher von Berlin-Schönefeld Ihr Know-How von hier bezogen haben.

Andere Baustellen findet man vor allem in der Gegend, in der die Route direkt zwischen Karibik und Lagune verläuft. Hier entstehen neue Hotels, die einen mit Grauen an den Massentourismus in Mexiko erinnern. Beim genauen Hinschauen jedoch ist zu erkennen, dass an der Mehrzahl der Bauten lange keine Kelle gerührt wurde. Ähnlich wie in Riversdale scheinen auch diese Investitionen nicht auf solidem Sand gebaut zu sein.

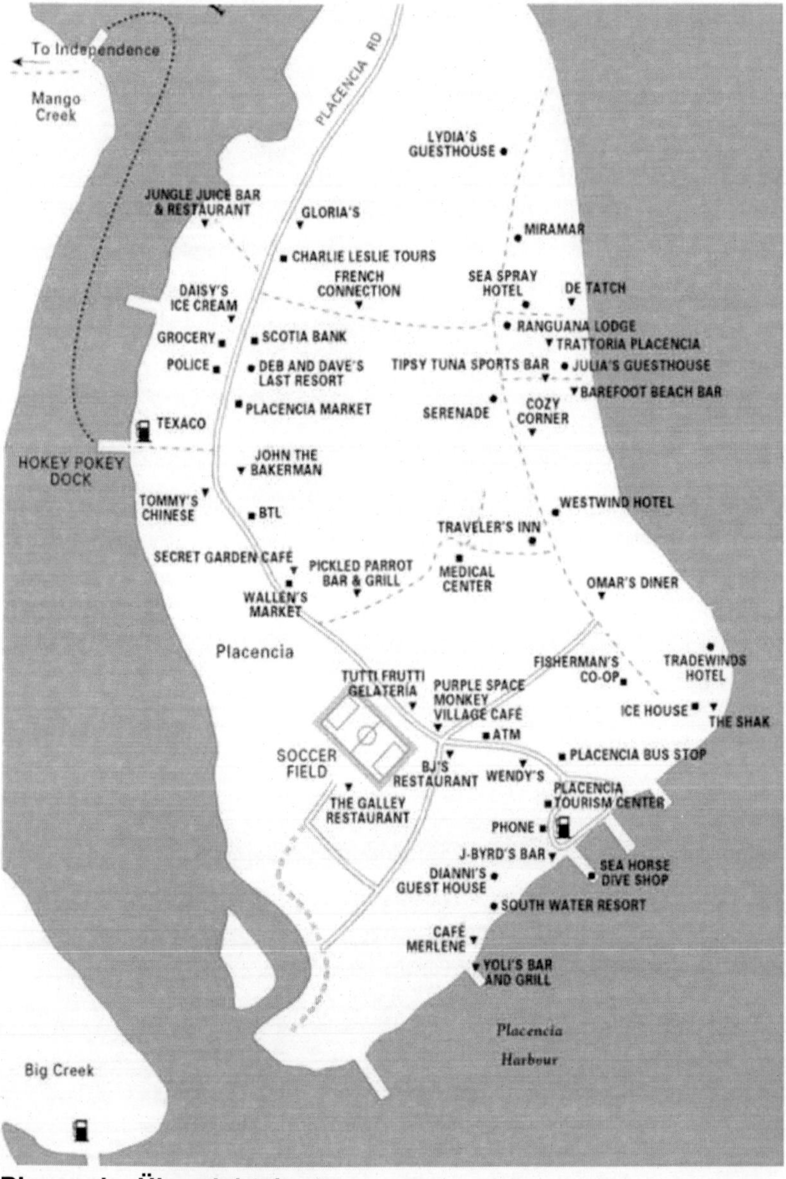

Placencia, Übersichtskarte

Hotels / Resorts / Lodges – eine Auswahl

Untere Preisklasse:

Lydia's Guest House, Placencia Village
Tel.: 00501-523-3117; E-Mail: lydias@btl.net
8 einfache Zimmer mit Gemeinschaftsbad und Gemeinschaftsküche

Palma's Guest House, Placencia Village Sidewalk
Tel.: 00501-628-7922; URL: www.casapalmaplacencia.com
7 einfache Zimmer mit Gemeinschaftsküche

Sail Fish Resort, Placencia Village Sunset Point
Tel.: 00501-651-9885; URL: www.sailfishbelize.com
Betten im Schlafsaal, Gemeinschaftsbad, Pool mit Bar

Sea Spray Hotel, Placencia Village ; Sidewalk
Tel.: 00501-523-3148; URL: www.seasprayhotel.com

Mittlere Preisklasse:

Dolce Cabana Waterfront Suites, Placencia Village Harbour Place South
Tel.: 00501-604-6214; URL: www.vrbo.com/408793t
Appartments und Cabanas am Strand

Placencia Villas, Placencia Village, Placencia
Tel.: 00501-615-2255
Zimmer, Appartments mit Küche in Strandnähe

Village Inn, Placencia Village, Placencia Sidewalk
Tel.: 00501-615-6404 ; URL : www.thevillageinnbelize.com
4 Cabanas mit kleiner Küche am Strand

Tradewinds, links von der Hauptstraße in Placencia Village
Tel. : 00501-523-3122; E-Mail: trdewndpla@btl.net;
www.beautifulbelize.com/tradewindshotel

Maya Beach Hotel and Bistro, Maya Beach
Tel./Fax: 00501-533-8040; www.mayabeachhotel.com
4 Apartments mit Seeblick und 2 Häuser

Westwind, Placencia; Tel. 501-523-3255;
www.westwindhotel.com
Saubere Zimmer mit Balkon, Garten oder Terrasse am Meer

Barnacle Bill's, 23 Maya Beach Way, Maya Beach
Tel.: 00501-523-8010; www.gotobelize.com/barnacle/
Strand Bungalows auf Pfählen mit gut ausgestatteter eigener Küche, nur 20 Meter vom Wasser entfernt

Gehobene Preisklasse:

The Placencia, 9 km vor Seine Bight
Tel.: 00501-520-4110; www.theplacencia.com
Condos am Strand; Tennisplatz, Restaurant, Weinkeller, großer Pool

Sandy Feet Beach Rentals, Bucknor Beach, Placencia;
Tel.:00501-523-3989;
www.vacasa.com/unit.php?UnitID=12433
4 Appartments mit Balkon am Strand

Exklusiv:

Turtle Inn, Placencia
Tel.: 00501-824-4912; www.blancaneaux.com
Eines der besten Resorts im Lande; wie die Blancaneaux Lodge gehört auch Turtle Inn Francis Coppola; Strandlage, Pool, Restaurants, Marina, vom Feinsten ausgestattete 2-Zimmer-Villas und Cabanas am Strand, die Pavillon-Villa mit eigenem Pool wird vermietet, wenn Coppola außer Landes ist.

Inn at Robert's Grove, Seine Bight
Tel.: 00501-523-3565, www.robertsgrove.com
Eines der ersten Hotels in Belize mit 52 bestens ausgestatteten 1- und 2-Bettzimmer-Einheiten, exzellentes Restaurant, Pool, Strandlage, PADI-Tauchbasis, eigene Marina

Restaurants

Restaurants gibt es in Placencia wie „Sand am Meer“, hier bleibt nur Platz für eine Auswahl. Darüber hinaus gibt es Restaurants der gehobenen Preisklasse befinden sich in den Lodges **Robert's Grove** und **Turtle Inn**.

Maya Beach, Tel.: 00501-520-8040
Wohlschmeckendes Essen, gut präsentiert. Eines der besten Restaurants im Süden des Landes.

French Connection, Tel.: 00501-523-3656
Französische Küche, charmant, aber teuer.

Wendy's, Tel.: 00501-523-3335; Probiert den gegrillten Fisch! Einfach Klasse. Gutes Essen bei moderaten Preisen.

Yoli's
Schöne Bar, am südlichen Ende der Halbinsel neben einem Pier gelegen; keine eigene Küche, trotzdem muss niemand hungern – das Essen wird aus einer nahe gelegenen einheimischen Küche geholt.

De Thatch Laidback, neben dem Sea Spray Hotel am Strand
Kühles Bier und gutes Essen

Omar's, gegenüber St. Johns Kirche, Tel.: 00501-523-3236
Wahrscheinlich das Restaurant mit dem bestem Preis-Leistungs-Verhältnis im Dorf; neben Frühstück werden Fisch- und einheimische Speisen angeboten.

Wassersport

Segeln: der Segelcharter **Moorings** hat sein Büro am Südzipfel von Placencia, mit eigenem Segelschein ist es möglich Boote ohne Kapitän zu chartern, Füchse können in der Nebensaison richtig gute Preise aushandeln

Tauchen / Schnorcheln / Fischen: die großen Hotels vermitteln ebenso Trips wie die Tauchshops an der Strandpromenade; das Equipment sollte vor Benutzung gecheckt werden!

Touren in Toledo und im Stann Creek District

Deborah Costo, E-Mail: goeson@btl.net
Julie Berry, Tel.: 00501-523-3305, E-Mail: jag@yahoo.com

Monkey River Town

ist das nördlichste Dorf im Toledo-Distrikt. Es befindet sich mit seinen ungefähr 200 Einwohnern am südlichen Ufer der Mündung des Monkey River.

Monkey River ist nur per Boot zu erreichen. Die Flussspanne ist knapp einhundert Meter und die vorbeifahrenden Boote geben Reisenden, die den Wunsch anzeigen überzusetzen, normalerweise immer eine Chance.

Das Dorf ist ursprünglich, gemütlich und schläfrig. Nur wenige Zementhäuser findet man zwischen den üblichen Holzbauten. Eine Polizeiwache, die selten benutzt wird, ein Gemeindezentrum, eine Schule, eine Kirche, zwei Geschäfte, zwei Hotels, zwei Restaurants und Bars bedienen das öffentliche Leben, nur auf zwei Hauptstraßen verteilt. Es gibt nicht nur keine Autos, Lastwagen oder Fahrräder, es gibt auch keine Elektrizität. Der benötigte Strom wird aus Generatoren gewonnen und so ist es nicht verwunderlich, dass in Monkey River schon bald nach Sonnenuntergang die Bordsteine hochgeklappt werden.

Eine kleine Strandpromenade begrenzt die Lagune an deren Rücken, wo Fischer ihre Boote an Land ziehen.

Während Hurrikan Mitch 1998 seinen Tribut gefordert und einige der Sandstrände im Süden von Monkey River hinweggespült hat, verlaufen breite, sandige Strände entlang der Flussmündung und der Ostseite des Dorfes, Entschuldigung, der Stadt. Oder?

Gewachsen mit der Bananenindustrie, wurde Monkey River im Jahre 1891 zur Stadt ernannt. Zu dieser Zeit betrug die Bevölkerungszahl ungefähr 2500 Leute. Neben der Bananenindustrie bot Reisanbau und Fischfang genügend zum Lebensunterhalt. Nach dem Absterben der Bananenindustrie verließ die Mehrheit der Bewohner die Stadt und dezimierte sie derart, dass sie 1981 wieder den Status Dorf erhielt. Dem Namen des Ortes konnte dieser Fakt allerdings nichts anhaben.

In den letzten Jahren ist wieder mehr Leben in das Dorf eingezogen. Zwar hat jede Familie nach wie vor ein Boot, um sich den Lebensunterhalt aus dem Meer zu verdienen, aber der Tourismus kehrt nach und nach auch hier ein und bietet neue Perspektiven.

Mittlerweile gibt es fünf Tourguides in der Siedlung. Nicht zu Unrecht, da nicht nur der Fluss eine schöne Flora und Fauna bietet. Im Westen des Dorfes gibt es beste Möglichkeiten für Dschungelwanderungen, auf denen man mit etwas Glück dem Tapir, Hirsch oder sogar einem Jaguar begegnen kann. Und natürlich kann man auch die Brüllaffen beobachten, nicht umsonst trägt der Fluss deren Namen.

Nur 45 Minuten per Boot entfernt befinden sich die Schlangen-inseln (**Snake Cayes**). Eine davon, **West Snake Caye**, ist ein sehr schöner Spot für Schwimmer, Taucher und Schnorchler.

Nicht zuletzt benötigt es einer nur 35-minütigen Bootsfahrt hinunter in den **Punta-Negra-See**, der einen Überfluss an Fischen beherbergt.

Gefischt werden darf nur mit Genehmigung und dann auch ausschließlich auf der Basis Fang und Freilassung.

Punta Gorda und Umgebung

Punta Gorda, örtlich einfach als P.G. bekannt, ist die südlichste Stadt in Belize und gleichzeitig die Hauptstadt des Toledo-Distriktes. Die Bevölkerung zählt um die 6000, eine Mischung aus Mopan- und Kekchi-Mayas, Garifunas, Kreolen, Libanesen, Indern und Chinesen. Zum Zeitpunkt des letzten Updates dieses Buches wohnte auch ein Deutscher in dieser abgelegenen Stadt.

Nach mehr als 300 km Highway von Belize City ist P.G. – vorausgesetzt man hat in Belmopan oder Dangriga keine Rast gemacht – die erste größere Siedlung und gleichzeitig auch die letzte Ortschaft im Süden Belizes überhaupt.

P.G. ist ziemlich überschaubar. Die Anfahrt erfolgt auf den letzten Metern des Southern Highway entlang der Küste der Bay of Honduras. Die Straße gabelt sich schließlich in die Front Street und die Main Street. Diese Gabelung kann gleichzeitig als Ortseingang betrachtet werden, von hier erstrecken sich die fünf parallelen Straßen der kleinen Stadt Richtung Osten.

Während in den letzten Jahren an der Küste P.G.s einige Villen entstanden, sind die meisten der kleinen Häuser der Ortsansässigen aus Holz auf Stelzen gebaut.

Die Stadt hat ein Krankenhaus, eine Polizeiwache, zwei Banken, eine Post, eine Tankstelle, die für Belize üblich hohe Anzahl an Kirchen und Schulen, verschiedene Lebensmittelgeschäfte, Hotels und Restaurants.

Punta Gorda ist das Tor nach und von Guatemala, die Reise erfolgt per Fähre und beherbergt folgerichtig das südlichste Einwanderungs- und Zollamt des Landes.

Die kühle Meerbrise und die freundlichen Bewohner machen Punta Gorda zu einer angenehmen, wenn auch wenig interessanten Stadt. Das Tempo, das Leben ist alles andere als pulsierend, es ist gemächlich und bequem. Der Verkehr auf den Straßen ist minimal, die Leute stehen auf der Straße, an den Ecken oder im Park unter der längst stehen gebliebenen Stadtuhr und plaudern, während Schulkinder Fangen spielen.

Die Stadt erwacht nur an Feiertagen zu etwas Leben. Außerdem ist mittwochs und samstags bunter Markttag am Ende der Front Street auf der Küstenseite der Straße. Fisch, Fleisch und Gemüse sind das Hauptangebot. Auch die Maya aus den umliegenden Dörfern kommen, bieten ihre Produkte feil und tragen im Gegenzug das Eine oder Andere selbst nach Hause. Sogar Gäste aus Guatemala strömen in das Städtchen um ein Stück der einfachen Haushaltsgüter zu ergattern.

Aus touristischer Sicht ist P.G. aber vor allem der Ausgangspunkt für Aktivitäten im Süden des Landes (siehe Kapitel Sehenswürdigkeiten) oder einen Abstecher ins benachbarte Guatemala. Dabei ist nicht nur der ursprüngliche Regenwald des Südens Belizes mit seinen schönen Wasserfällen sehenswert. Ein paar wundervolle Inseln vor der Stadt laden zum Baden und Schnorcheln ein, die Gewässer zwischen P.G. und diesen Inseln machen diese Gegend darüber hinaus auch für Hochseefischer attraktiv.

Sehenswürdigkeiten

Nim Li Punit

Nim Li Punit ist eine Maya-Ruine circa 40 km nördlich von Punta Gorda.

Der Name kommt aus der Maya-Sprache und bedeutet übersetzt „großer Hut“. Er bezieht sich auf eine dort gefundene Skulptur eines Maya-Königs.

Besiedelt wurde die Stätte um das 5. Jahrhundert nach Christus.

Die Anlage war lange unbekannt. Erst im Jahr 1976 wurde sie bei Ölprobebohrungen wiederentdeckt.

Nim Li Punit besteht aus drei Plätzen, die mit mehreren Gebäuden und 25 bemerkenswert großen Stelen bebaut sind. Während die Gebäude maximal 13 Meter in den Himmel ragen, messen die Stelen bis zu 9,5 m.

Einige der Stelen sind unvollendet, sodass von einem abrupten Ende der Besiedelung ausgegangen werden kann. Die Funde deuten darauf hin, dass Nim Li Punit ihren Höhepunkt in der späten klassischen Periode der Maya hatte.

Nim Li Punit ist nur 800 Meter vom Southern Highway entfernt. Direkt an der Straße, circa 40 km vor Punta Gorda, steht ein entsprechendes Hinweisschild zur Maya-Stätte.

Lubantuun

Lubantuun ist die größte alte Maya-Stadt im südlichen Belize. Außergewöhnlich ist, dass alle Gebäude aus Kalksteinblöcken ohne sichtbaren Mörtel, der die Steine zusammenhält, gebaut wurden. Jeder Block wurde per Hand vermessen, dem benachbarten Stein exakt angepasst und entsprechend geformt.

Lubantuun ist ein zeremonielles Zentrum der späten klassischen Periode, datiert von 700 bis 900.

Im Verlauf der Zeit fing der Boden unter Lubantuun nachzugeben. Als Folge begannen die Blöcke sich zu verschieben und letztendlich herunterzufallen.

Dieser Werdegang gab Lubantuun seinen Namen. Es bedeutet übersetzt aus der Maya-Sprache: „Platz der abgefallenen Steine".

Die Stadt umfasst elf große Strukturen, fünf Haupt- und drei Ballspielplätze. Anders als in den meisten anderen Maya-Ruinen, sind die bestehenden Strukturen kompakt und fest, sie haben keine Türöffnungen.

Und noch etwas macht Lubantuun einzigartig. Der berühmte, aber kontroverse Mitchell-Hedges-Kristallschädel wurde angeblich 1926 von Anna Mitchell-Hedges hier entdeckt.

Dieser fehlerlos geformte Menschenschädel wurde aus einem quadratischen Bergkristall mit 20 cm Seitenlänge geformt. Bis heute gibt es keine plausible Erklärung dafür, wo auf der Erde Bergkristalle dieser Dimension existieren und mit welchen Werkzeugen der Kristall in seine jetzige Form gebracht wurde.

Fazit: Der Ursprung des Kristallschädels bleibt ein Rätsel.

Die Anfahrt zu dem Maya-Zentrum ist ziemlich einfach. Circa 2 km südlich der Abfahrt Nim Li Punit vom Southern Highway biegt man am Hinweisschild „Lubantuun" nach rechts ab. Man folgt der Straße ungefähr 10 km, passiert dabei die Maya-Siedlung San Miguel und wird kurz vor der Einfahrt nach San Pedro Columbia von einem weiteren Hinweisschild nach rechts zum Eingang geleitet.

Blue Creek Cave

Im Süden Belizes findet der Besucher mit dem Blue Creek Cave eine weitere eindrucksvolle Höhle. Es hat sich langsam eingebürgert, diese Höhle nach dem Fluss zu benennen, der ihrem Innern entspringt, dem Blue Creek.

In der Fachwelt ist es jedoch die **Hokeb-Ha-Höhle**. Gefundene Artefakte aus der spätklassischen Periode lassen annehmen, dass auch diese Höhle eine Kultstätte der alten Maya war.

Sie erreichen die Höhle indem Sie aus nördlicher Richtung kommend ca. 12 km vor Punta Gorda rechts vom Southern Highway in Richtung Aguacate abbiegen. Man ignoriert den Abzweig nach San Pedro Columbia. Erst an der Gabelung der

Straße in Mafredi hält man sich links. Ungefähr 10 km später gelangt man in das Dorf Blue Creek.

Am Fluss parken sie das Auto vor der Brücke. Bei der anschließenden Dschungelwanderung entlang des und durch den Blue Creek passiert man mehrere herrliche Bademöglichkeiten, bis schließlich nach einer kurzen Klettertour das gigantische Höhlentor erreicht ist.

Die Höhle lädt zum Hineinschwimmen ein, allerdings wird es nach der ersten Abbiegung so richtig dunkel. Wer trotzdem mehr erforschen will, sollte eine Kopflampe oder ein aufblasbares Kanu mitführen.

Nur eine Meile außerhalb des Dorfes San Antonio fließt der ruhige San-Antonio-Wasserfall durch den Regenwald und das nur wenige Meter neben der Straße. Vergleichsweise sacht gleitet der Wasserfall 3 Meter über eine schiefe Ebene aus Kalkstein hinab in getrennte Pools, ebenfalls bestehend aus Kalksteinformationen. Umliegende Felsblöcke ermöglichen ein Erreichen der Bäder ohne bergsteigerische Qualifikation.

Rio Blanco Waterfalls

10 km südlich von San Antonio, unmittelbar nach Santa Cruz, rauscht der Rio-Blanco–Wasserfall. Es ist ein populärer Halt sowohl für Einheimische als auch für Besucher. Ein kleines achteckiges Zeichen am Straßenrand zeigt die Richtung zum Eingang des Parks. Der Pfad führt knapp 2 km durch den Dschungel. Es ist möglich mit dem Fahrzeug zum Wasserfall zu fahren, bei größeren Autos könnte das Wenden allerdings ein Problem werden.

1992 wurde der Park zum Naturschutzgebiet erklärt.

Der 7 Meter hohe Wasserfall mit seinem glasklaren Wasser ist ein beliebtes Schwimmbad, wobei die Kalksteinränder gern als Sprungturm benutzt werden. Vorsicht, der Weg zurück hinauf zum Ausgangspunkt ist nicht so leicht wie der Sprung hinunter.

Umliegend sind Schatten spendende Bäume, die gleichzeitig Heimat für eine reichhaltige Tierwelt, darunter den Blauen Morphofalter, sind. Manchmal bieten Maya-Kinder aus den umliegenden Dörfern Schmuck zum Kaufen an.

Eingang Blue Creek Cave

Blick in die Höhle

Rio-Blanco-Wasserfall

San-Antonio-Wasserfälle

Stelen in Nim Li Punit

Lubantuun

Mitchell-Hedges-Kristallschädel

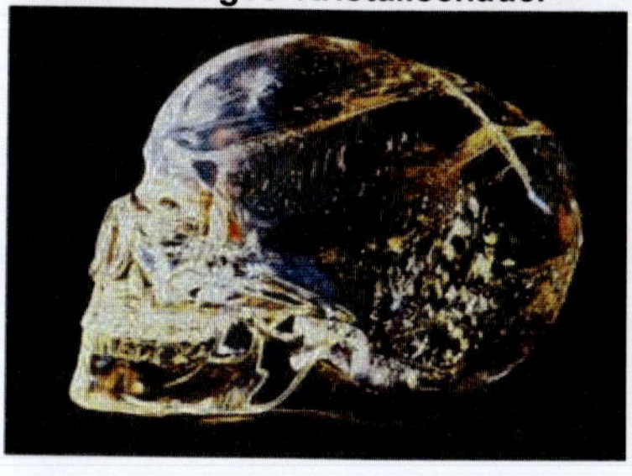

Wahrzeichen von Punta Gorda

Golden Stream Waterfalls

Verlässt man im Golden Stream Village hinter dem **Golden-Stream-Village**-Souvenirladen den Southern Highway gen Westen, kommt man direkt zu dem Golden-Stream-Wasserfall. Er ist versteckt hinter einer Reihe von Bäumen, durch die ein schmaler Pfad direkt zum Hauptbecken führt.

Inmitten großer Bäume und üppiger Fauna gelegen, lädt der bis zu 2 Meter tiefe Pool zum Baden ein. Es kann durchaus sein, dass man in der abgelegenen Gegend nicht allein das kühle Nass genießt, Maya-Frauen nutzen den Platz zum Waschen und Baden.

Hotels / Resorts / Lodges – eine Auswahl

Lodge at Big Falls $$$,
www.thelodgeatbigfalls.com
schöne Palmblatt-Cabanas mit eigenem Bad; Restaurant, Bibliothek, Internet-Zugang; Swimmingpool.

Sun Creek Lodge $$, Mile 86, Southern Highway
Tel.: 00501-607-6363; www.suncreeklodge.de
Familiär geführtes, sehr schönes Resort mit 2 Villen und 4 Cabanas, deutsche Inhaber, Touren;
Anfahrt: verlasst die Gabelung Punta Gorda/San Antonio (an einer Tankstelle) nach links, bleibt ca. 2,5 km auf dem Southern Highway – die Lodge ist links vom Highway vor einem Buswartehaus ausgeschildert.

The Farm Inn $$, San Antonio Road
Tel.: 00501-604-4918; www.thefarminnbelize.com
Von einem Ehepaar aus Südafrika geführtes Resort im Dschungel; Anfahrt: verlasst die Gabelung Punta Gorda/San Antonio (an einer Tankstelle) nach rechts. Auf der geteerten Straße werden die Ortschaften MAFREDI und San Antonio passiert. Wenige Kilometer nach der Ausfahrt aus San Antonio befindet sich die Lodge auf der rechten Straßenseite (ist ausgeschildert).

Machaca Hill Lodge $$$,
Tel.: 00501-722-0050; www.machacahill.com
Liegt in einem privaten Naturschutzgebiet bei Punta Gorda, Cottages mit Klimaanlage; Pool, Angeltouren

Coral House Inn $$, 151 Main St., Punta Gorda
Tel.: 00501-722-2878; www.coralhouseinn.net
Tolles Gästehaus mit Pool, Zimmer mit Klimaanlage, geflieste Fußböden

Hickatee Cottages Lodge $$, Ex-Servicemen Rd., Punta Gorda, Tel.: 00501-662-4475; www.hickatee.com
3 Häuschen im karibischen Stil

Cotton Tree Lodge $$, San Felipe Village, ca. 25 km vor P.G.
Tel.: 00501-670-0557; www.cottontreelodge.com
10 Cabanas unter Feigenbäumen am Moho River, Anfahrt erfolgt mit dem Boot
All-Inclusive-Angebote (Mahlzeiten, alkoholfreie Getränke, Pferdereiten, Touren, Steuern und Trinkgelder) verfügbar

Beya Suites $$, Front Street; Tel.: 00501-722-2188
www.beyasuites.com; Preise: US$ 75-90
Am Meer gelegen, 6 Zimmer mit Klimaanlage

St. Charles Inn $, 23 King St., Punta Gorda
Tel.: 00501-722-2149
Preiswertes Hotel mit kleinen, aber sauberen Zimmern mit Kabel-TV

Blue Belize Guesthouse $$, 139 Front Street Punta Gorda
www.bluebelize.com ; Seelage (kein Strand), Unterkünfte verschiedenster Ausstattung vom Doppelzimmer bis zum vollständig ausgestatteten Apartment; empfehlenswertes Gästehaus.

Nature's Way Guesthouse $, 65 Front St., Punta Gorda
Tel.: 00501-702-2119; E-Mail: thfece@hotmail.com
Ein irres, altes Gasthaus, das in der Regel weit gereiste Rucksacktouristen (mit Budget unterwegs) beherbergt.

Tate's Guest House $, 34 José Maria Nuñez St., Punta Gorda
Tel.: 00501-722-0147
Saubere Zimmer, freundliche Atmosphäre, Gemeinschaftsküche mit Kühlschrank und Mikrowelle

Restaurants in Punta Gorda

Earth Runn Inn, 11 Main Street
Tel.: 00501-722-2007; Populäres Lokal mit guten Speisen

Grace's, 19 Main Street
Tel.: 00501-702-2414; Empfehlenswert fürs Frühstück, moderate Preise

Marian's Bayview, Front and Vernon Street
Tel.: 00501-722-0129; Fisch- und indische Spezialitäten, die Atmosphäre ist nicht die beste (kahle Wände), gutes Essen

Asha's Cultural Kitchen, 74 Front St,
Tel.: 00501-722-2742; das beste Essen in Punta Gorda, grosse Auswahl an verschiedenen Gerichten, direkt am Meer gelegen.

Touren

Blue Belize Tours, 139 Front Str., P.G., www.bluebelize.com; Schnorcheln und Hochseefischen

IBTM, operiert aus der Sun Creek Lodge;
www.suncreeklodge.de; deutschsprachige Reiseleitung

Beide bieten Touren zu Haupattraktionen des Südens und darüber hinaus anspruchsvolle Dschungelabenteuer zwischen 6 und 10 Tagen Dauer (unter anderem zu **Doyle's De-light** und **Victoria Peak**) durch die Maya Mountains.

Ein Tag mit den Maya

Über dreißig Maya-Dörfer sind über das südliche Belize verstreut. Sie liegen an Flussufern oder Wasserläufen und sind von schönen, mit ursprünglichem Regenwald bewachsenen Bergen umgeben. Diese Dörfer sind durch einfache Kiesstraßen oder befestigte Waldpfade miteinander verbunden, die in der Regenzeit teilweise nur schwer passierbar sind.

Elektrizität, eine zentrale Wasserversorgung oder gar Telefon und Fernsehen sind bis heute noch nicht in den meisten der Dörfer angekommen.

Die Leute sind freundlich, aber mehrheitlich überaus scheu. Dies ist nicht verwunderlich, da die Maya über Jahrzehnte zurückgezogen von den Kreolen oder Weißen gelebt haben und der immer weiter vordringende Tourismus eine neue Industrie für die meisten Dörfer und deren Bewohner ist.

Dabei hat jedes Dorf seine eigenen einmaligen Sehenswürdigkeiten: Höhlen, Wasserfälle oder Maya-Ruinen. Was fast alle noch immer gemeinsam haben ist die Ruhe vor den Geräuschen der Zivilisation. Nur selten zerschneiden die Töne von Automotoren oder das Heulen von Hardrockmusik aus krächzenden Lautsprechern die Natur. Noch! Hoffentlich noch eine ganze Weile!

Der Lebensstil der Maya ist noch immer sehr einfach. Lange vor den Sonnenaufgängen erwacht das Dorf zum Leben. Kinder gehen aus dem Hause, um Wasser und Holz zu holen, während die Mutter die warmen Mehltortillas für das Frühstück vorbereitet. Danach, es ist noch immer dunkel, verlassen die Männer das Haus und begeben sich zu ihrer Tagesarbeit, die normalerweise aus Feldarbeit oder Versorgen der Tiere in der eigenen Herde besteht. Einige Maya widmen sich aber auch dem Kunsthandwerk und schnitzen beispielsweise Schüsseln aus Rosenholz. Diese werden später an Souvenirläden in den Touristenzentren zu Spottpreisen verkauft, teilweise läuft das Ganze sogar auf Kommissionsbasis.

Wenn die Schulglocke um 9 Uhr morgens klingelt, gibt es kurzzeitig ein reges Treiben. Gruppen von Maya-Kindern erwachen aus dem trägen Morgen und hetzen die paar Meter zur Dorfschule.

Junge Männer verlassen das Haus, um ihrem Vater bei der Arbeit mit den Tieren oder auf dem Feld zur Hand zu gehen, während junge Damen ihren Müttern beim Kochen, sauber machen oder dem Waschen der Wäsche im nächstgelegenen

Fluss helfen beziehungsweise in Handarbeit Körbe und Hängematten für Touristen flechten.

Die mit Stroh gedeckten Hütten haben entweder ein oder zwei Zimmer. Die Küche ist dabei manchmal mit einer Mauer vom Zimmer getrennt, das als Aufenthalts- und Schlafraum dient. Am Abend bereiten die Frauen warme Maistortillas mit Bohnen und frisch dampfenden Kaffee auf dem Lehmofen vor. Die Männer kommen vor Sonnenuntergang nach und nach von ihrem Tageswerk zurück. Sie spülen sich bei einem Bad in den Flüssen nach Einbruch der Dunkelheit den Schweiß vom Körper. Anschließend sitzt die Familie zusammen, nicht selten auf dem Fußboden, und verzehrt das einfache und wenig abwechslungsreiche Abendessen. Zwischen ihnen wandern Hühner, Hunde, und Katzen durchs Haus. Nach dem Abendessen legen sich die Familienmitglieder in ihre Hängematten über dem Abendbrottisch und plaudern, bis sie in den Schlaf fallen.

Ein Besuch der Maya-Dörfer ist fast ausschließlich mit dem eigenen Fahrzeug möglich, da die wenigen Busverbindungen für touristische Aktivitäten sehr ungünstig fahren. In der Regel verlassen diese die Dörfer lange vor Tagesanbruch um die Frauen mit ein paar Produkten zum Markt oder die wenigen Kinder, die das Gymnasium besuchen, nach Punta Gorda zu bringen.

Von Punta Gorda fahren die Busse entsprechend nach Schulschluss und Marktende am frühen Nachmittag zurück.

Die genauen Abfahrtzeiten sollten in Punta Gorda oder dem betreffenden Dorf erfragt werden.

Der Besuch eines der Dörfer mit Übernachtungsmöglichkeit lohnt sich in jedem Fall, da man so einerseits eine Idee dieser Art des Lebens erhält und andererseits auch touristisch etwas abbekommt – sei es eine Höhle, einen Wasserfall, einen Trip im Einbaum auf dem Fluss oder eine Maya-Ruine. Und da wir uns im Regenwald befinden, läuft, fliegt oder schwimmt einem auch das eine oder andere exotische Lebewesen über den Weg.

Maya-Dorf Crique Sarco

Eines der Maya-Dörfer mit Übernachtungsmöglichkeit ist Crique Sarco.

Um Crique Sarco zu erreichen, verlässt man den Southern Highway ungefähr 15 km vor Punta Gorda an der **Tranquillity Lodge** Richtung Westen.

20 km später kommt eine Gabelung, deren linker Arm nach **Barranco**, einem kleinen Garifuna-Dorf direkt am Meer mit nur circa 140 Einwohnern, führt. Barranco ist der Geburtsort von **Andy Palacio**, einem der berühmtesten Musiker Belizes mit internationaler Anerkennung. Anfang 2008 pilgerten 5000 Menschen in diese abgelegene Ortschaft, um Andy, der mit nur 47 Jahren starb, das letzte Geleit zu geben.

Der rechte Zweig der Gabelung führt nach **Crique Sarco**.

Es gehen allerdings noch 15 steinige Kilometer ins Land, bis man schließlich das Dorf erreicht. Während die Anfahrt doch etwas ermüdend und schwer erscheint, ist das Ziel einfach zu erkennen. Die Straße erreicht schließlich den Tamash River, einen Fluss der Crique Sarco in zwei Teile schneidet. Die darüber führende Brücke ist nur von Fußgängern passierbar. Man sollte sie jedoch bei Regen, aufgrund der Gefahr, auf dem auf den Holzplanken verteilten Schlamm auszurutschen und des breiigen Weges von der Brücke zur Unterkunft, möglichst meiden.

Die Fahrt mit dem Einbaum auf die Westseite des Flusses zum Gästehaus ist nicht nur sauberer, sie ist auch romantischer und vermittelt einen Eindruck, wie noch im Jahre 2008 die Schulkinder der Ostseite des Flusses zur Schule kamen und deren Mütter die Einkäufe tätigten. Außerdem garantiert sie die ersten Begegnungen mit den weiblichen Einheimischen, die die Wäsche der Familie, sich selbst und ihre Kinder, im Tamash River reinigen.

Das vorletzte Haus auf der linken Straßenseite vor der Brücke gehört **Samuel Choc**, der sich um die wenigen Touristen kümmert, die sich in diese Gegend verirren.

Zwei Zimmer mit Doppelstockbetten stehen im Gästehaus zur Übernachtung zur Verfügung. Ein amerikanischer Arzt, der einmal im Jahr hinunterfährt um die Maya kostenlos zu

Anmarsch ins Dorf: zu Fuß

und mit dem Einbaum

Maya-Häuser

Grundschule

Frauen waschen im Fluss

Kochstelle

Kinder am Dorfbrunnen

behandeln, hat das Haus gebaut und den Bewohnern für den Rest des Jahres als Gästehaus überlassen.

Die Kontakt-E-Mail von Samuel ist: jolpecca-veltd@yahoo.com. Versucht es bitte nicht mit Deutsch, Samuel spricht Kekchi oder Englisch. Und bitte werdet wegen der Antwort nicht ungeduldig. Samuel hat keinen Strom zu Hause, er fährt einmal in der Woche mit dem Bus nach Punta Gorda um seine E-Mails im Internet-Cafe abzurufen.

Der Tamash River bietet neben Kanutouren oder erfrischenden Bädern in seinem kristallklaren Wasser auch eine gute Gelegenheit per Boot Livingston in Guatemala anzufahren. Es ist ein schöner Trip auf dem Fluss durch den Dschungel bis hinunter in die Bucht von Honduras, bevor es übers offene Meer nach Livingston geht.

Diese Tour benötigt etwas Vorbereitung und dieser sollte vorher abgestimmt werden.

Inseln im Süden

Mehr als 400 meist kleine und unbewohnte Inseln gehören zu Belize.

Es ist ein wunderbares Erlebnis mit einem Segelboot oder einem Katamaran diese Gegend zu erkunden. Der Schnitt der Inseln, der Sand, die Palmen, die Größe, die Riffe, die Unterwasserwelt – die südlichen Inseln vor Belize stehen den Malediven in nichts nach.

Einige der Inseln befinden sich in Privatbesitz und beherbergen Hotelanlagen oder Forschungseinrichtungen.

Tobacco Caye

Ungefähr 15 km östlich vor Dangriga liegt die kleine, nur 20000 m² große Koralleninsel Tobacco Caye.

Da Schnorcheln und Tauchen direkt vom Ufer aus möglich sind, wird die Insel immer beliebter.

Es gibt zwar keine geregelten Schiffsverbindungen, für knapp US$ 20 findet man aber in Dangriga am Kanal, direkt vor dem Riverside Cafe, einen Fischer, der die Überfahrt durchführt.

Tobacco Caye Lodge $$; www.tclodgebelize.com
Tolles Resort; im karibischen Stil blau angestrichene Doppelhäuschen. Pakete inklusive 3 Mahlzeiten im Angebot

Reef's End Lodge $$, www.reefsendlodge.com
2 Cabanas, 8 Zimmer und 1 Suite
Tauchpakete mit 14 Tauchgängen, Transport von und nach Dangriga verfügbar

Tobacco Caye Paradise $,
www.tobacocayeparadisecabin.com
kleine, aber zweckmäßig eingerichtete Cabins über dem Wasser (kann bei Sturm sehr laut werden!) mit eigener Veranda, inkl. Bad/WC, sehr sauber!

Thatch Caye

Nur ein paar Kilometer östlich von Tobacco Caye befindet sich ein Geheimtipp für Wassersportler. Die ca. 3 km lange und 200 m breite Insel beherbergt nur ein Hotel, das **Thatch Caye Resort** ($$/$$$). 12 Cabanas, ein Haupthaus, exotische Tiere, tropische Pflanzen und ein Sandstrand im Norden bieten ein traumhaftes Ambiente für einen erholsamen Urlaub. Tauchen, Schnorcheln, Kajak fahren und Fischen sind die Highlights eines Aufenthaltes. Ein wirklicher toller Spot!
Tel.: 00501-603-2414; www.thatchcayebelize.com
günstige Tauchpakete verfügbar.

Southwater Caye Marine

Eine der schönsten Inseln vor Belize ist zweifelsohne Southwater Caye. Sie ist 60000 Quadratmeter groß oder klein, je nach dem Blickwinkel, und hat am südlichen Ende eine schöne Bucht, in der sich das Schnorcheln direkt von der Insel aus lohnt.

Besucher des Wasserreservates zahlen US$ 5 Eintritt in den Marine Park, für eine Woche Aufenthalt werden US$ 15 fällig.

Pelican Beach

Tel.: 00501-522-2044 $$$; www.southwatercaye.com

3 gut ausgestatte Cabanas und 5 Zimmer im Süden der Insel; das kleine Resort wird ökologisch betrieben: Solarstrom, Regenwasseraufbereitung, Abwasserbehandlung.

International Zoological Expeditions Cottages

Tel.: 00501-520-5030; www.ize2belize.com

Zielgruppe: ausschließlich Studenten

Die Atolle

Charakteristisch für Atolle ist die Lage in einer von einem Korallenriff umgebenen Lagune. Im Gegensatz zum südlichen Pazifischen Ozean gibt es in der westlichen Hemisphäre nur 4 Atolle, 3 davon in Belize: Glovers Atoll, Turneffe Atoll und Lighthouse Atoll. Das 4. Atoll, Chinchorra, liegt im südlichen Mexiko.

Glovers Atoll

Glovers Atoll ist mit circa 360 Quadratkilometern Fläche das kleinste der drei belizianischen Atolle. Hunderte Korallen-Spots machen Glovers zu einer der besten Tauch- und Schnorchelgegenden der gesamten Karibik.

Um das Atoll herum fallen auf einer Länge von 90 km Steilwände zwischen 10 und 800 Metern tief hinab.

Hochseefischen ist im Glovers Atoll gegen eine Gebühr von 10 US$ pro Tag und Person möglich.

Isla Marisol $$,, Southwest Caye
Tel.: 00501-615-1485; www.islamarisol.com
Kleine Holzhäuser, Restaurant, Bar
Paket preise für: Tauchen / Fischen / Schnorcheln mit Mahlzeiten und Transport von und nach Dangriga

Off the Wall Dive Center and Resort $$; Long Caye
Tel.: 00501-614-6348; www.offthewallbelize.com
Kleine rustikale Holzhäuser, Outdoorduschen
Exzellente Tauch-, Fisch- und Schnorchelangebote
Preise: in Abhängigkeit von Aktivitäten

Glovers Atoll Resort $$, Northeast Caye
Tel.: 00501-520-5016; www.glovers.com.bz
Ein bemerkenswertes Resort, ca. 70 km vor der Küste Belizes, Cabanas mit Palmblattdach, kein fließendes Wasser, kein Strom in den einfachen Unterkünften – dafür Tauchen und Schnorcheln direkt vom Ufer aus! Kajak, Kanu und Tauchausrüstung kann ausgeliehen werden; günstige Tauchpreise!

Jeden Sonntagmorgen um 9 Uhr fährt ein Boot zum Glovers Atoll von Glovers Guesthouse in Sittee River; der Transport zurück erfolgt am darauf folgenden Samstagvormittag. Wer eine Nacht eher nahe der Abfahrtsstelle sein will: das Glover Guesthouse in Sittee River bietet Übernachtungen für US$ 10.

Camping ist möglich.

Lighthouse Reef Atoll

Jacques Cousteau hat es berühmt gemacht, das Lighthouse Reef Atoll, 70 Kilometer vor Belize City gelegen und Herberge des von Cousteau erforschten Blue Hole. Es ist ein 160 Meter tiefes Loch von ungefähr 400 Metern Durchmesser. Aufgrund des relativ geringen Meereslebens ist das Blue Hole nicht unbedingt DER Tauchspot. Trotzdem, irgendwie gehört es ins Logbuch erfahrener Taucher. Aber Vorsicht, schon mancher Taucher hat sein Leben hier gelassen, es ist nichts für Anfänger.

Eine der schönsten belizianischen Inseln, Half Moon Caye, liegt ebenfalls im Lighthouse Reef Atoll.

Half Moon Caye ist eine 18 km² große Koralleninsel und Teil des ersten Marine-Naturschutzgebietes des Landes.
Für den Besuch des Reservates wird eine Gebühr in Höhe von US$ 40 pro Tag und Person erhoben.

Turneffe Atoll

40 km östlich von Belize City liegt mit dem Turneffe Atoll ein weiterer spektakulärer Spot für Fischer, Taucher und Schnorchler. Das Atoll umfasst zwei Lagunen, die zentrale Lagune mit ungefähr 200 winzigen Mangroveninseln und die kleinere nördliche Lagune.
Auf **Caye Mauger** im nördlichen Teil des Atolls und im Süden auf **Caye Bokel** befinden sich zwei alte Leuchttürme, ersterer aus dem Jahre 1885. Letztere Insel, auch **Elbow** genannt, lädt zu eindrucksvollen Tauchgängen zwischen schwarzen Korallen und, für erfahrene Taucher, durch Gräben und Canyons ein.

Turneffe Flats $$$, Nordosten des Atolls
www.tflats.com
Schöne, abgelegene Lodge in einem tollen Tauchgebiet mit klimatisierten Zimmern; Bootstransfer von Belize City Mittwochs und Samstags; Paketangebote verfügbar..

Blackbird Caye Resort $$$,
www.blackbirdresort.com
Cabanas verschiedener Ausstattungen, alle mit Klimaanlage, an der Ostküste Turneffe Islands, gutes Tauchen und Schnorcheln, eigener Landeplatz, geöffnet von November bis August.
Wer 7 Millionen US$ zuviel hat – die komplette Insel Blackbird Caye steht zum Verkauf.

Turneffe Lodge, Big Caye Bokel $$$,
www.turneffelodge.com
Cabanas und Zimmer verfügbar, gutes Tauchen und Schnorcheln, geöffnet von November bis August, auf „**Elbow**“ gelegen.

Black Bird Caye Resort

Glovers Atoll Resort

Laughing Bird Caye

Korallen im Lighthouse Reef

Thatch Caye, Luftaufnahme

Thatch Caye Resort

Turneffe Flats Resort

Turneffe Island Resort

Tikal

WARUM TIKAL IN EINEM BELIZE-BUCH?

Tikal - Guatemala, ich war mir nicht so sicher, ob es Teil eines Buches über Belize sein sollte. Bis heute erkennt Guatemala Belize nicht an, in den Schulen wird gelehrt, der kleine Nachbar sei ein Distrikt Guatemalas. Historisch gesehen ist die Sache sicherlich umstritten. Die englischen Holzfäller hatten nur den nördlichen Teil Belizes besetzt, der Süden war in Übereinstimmung mit den Spaniern gemietet worden. Verträge, die diesen Zustand beenden, wurden von der guatemaltekischen Seite seit dem 18. Jahrhundert nicht ratifiziert. Obwohl Belize in seinen jetzigen Grenzen von 128 Ländern der UNO anerkannt wird, erwägt die Regierung, den Disput vor dem internationalen Gerichtshof in Den Haag klären zu lassen. Dies könnte unter Berücksichtigung des oben genannten Hintergrunds auch nach hinten losgehen. Wie auch immer. Eine Vielzahl der Besucher von Belize unternimmt einen Abstecher in die wohl am meisten beeindruckende Maya-Stadt der Umgebung. Wenn ich da irgendwie helfen kann, so sei es.

Anreise

Die Anreise nach Tikal aus Belize sollte mit einem Reiseveranstalter erfolgen. Guatemala hat für individuell Reisende Hürden aufgebaut. Das Auto muss desinfiziert werden, eine Lizenz für das Fahren in Guatemala unter 90 Tagen wird nicht angeboten und zum Schluss kommt noch eine heftige Maut dazu, um auf guatemaltekischer Seite die unmittelbar nach der Grenze gelegene Brücke zu überqueren. Tikal selbst liegt nur knapp 90 km westlich der Grenze und ist über eine verhältnismäßig gut ausgebaute und ausgeschilderte Straße einfach zu erreichen. Entscheidet man sich für eine geführte Tour aus Belize heraus, so kann man diese nahezu über jeden Anbieter in San Ignacio buchen (Preise ab 135 US$). Wer kleinere Gruppen und damit individuelles Reisen bevorzugt ist bei Wolf's Tours (www.wolfs-tours.de) bestens aufgehoben.

Einführung

Tikal ist eine antike Stadt der Maya in den Regenwäldern des Petén im nördlichen Guatemala. Sie war eine der bedeutendsten Städte der klassischen Maya-Periode (3. bis 9. Jahrhundert) und ist eine der am besten erforschten Maya-Städte. Die ersten Siedlungsspuren reichen ins frühe 1. Jahrtausend v.Chr. zurück.

Im 2. Jahrhundert begann die eigentliche städtische Entwicklung mit der Errichtung von Tempeln, Stelen und Palast-Tempel-Komplexen. Ein erster Höhepunkt wurde im 5. Jahrhundert erreicht, als eine mächtige Herrscherdynastie einen Kleinstaat nach dem anderen in der Nachbarschaft unterwarf und zu Vasallenkönigreichen machte, woraus ein langjähriger Konflikt mit dem mächtigen Nachbarstaat Calakmul entstand. Einen zweiten Höhepunkt erlebte Tikal im 8. Jahrhundert, nachdem Calakmul als Rivale besiegt worden war. Im frühen 9. Jahrhundert schwand die Macht von Tikal, die Bautätigkeit hörte auf. Spätestens im 10. Jahrhundert war die Stadt vollständig verlassen.

Geschichte

Der historische Name Tikal lautete vermutlich Mutal, wobei die Emblemglyphe ein zusammengeknotetes Bündel darstellt. Die genaue Übersetzung ist unklar, eventuell lässt es sich mit „Blume“ übersetzen.

Zeremonie vorm **Jaguartempel in Tikal am 21.12.2012**

Die früheste Besiedelung von Tikal fand ungefähr um 900 v.Chr. statt, was anhand von Keramikfunden festgestellt wurde. Es dauerte rund fünfhundert Jahre bis komplexere Bauten errichtet wurden. Etwa ab dieser Zeit entwickelte sich Tikal zu einem führenden Zentrum der präklassischen Periode. Den allgemeinen Niedergang zum Ende dieser Epoche (ca. 200 nach Christus) überlebte Tikal im Gegensatz zu vielen anderen Zentren der Präklassik.

Etwa ab dieser Zeit wird der Einfluss der im zentralmexikanischen Hochland gelegenen Stadt Teotihuacán in der Tempelarchitektur sichtbar. Im Jahre 378 schließlich erschien eine von dort kommende oder mit Teotihuacán verbündete Armee in der Nähe von Tikal und eroberte die Stadt, wobei der amtierende Herrscher Chak Tok Ich'aak I. („Große Jaguartatze") getötet wurde. Allerdings gibt es Hinweise darauf, dass dieser „Umsturz" mit Hilfe einer machtvollen politischen Gruppe innerhalb Tikals vonstattenging. Es wird auch vermutet, dass Menschen aus Teotihuacán nach Tikal umsiedelten, da die neuen Machthaber auch einen neuen Herrscher eingesetzt hatten. Die neue Dynastie ging jedenfalls innerhalb kurzer Zeit in der alten auf; gleichzeitig verschwanden alle kulturellen Verweise auf Zentralmexiko. Mitte des fünften Jahrhunderts begann die erste expansive Phase der Stadt Tikal mit den ersten auf Stelen festgehaltenen Kriegszügen unter König K'an Chitam. Gleichzeitig schwand jedoch auch die hegemonielle Stellung, die Tikal bislang im südlichen Tiefland innehatte. Als 509 der Herrscher Chak Tok Ich'aak II. auf einem Kriegszug starb, erwählte man in Ermangelung eines männlichen Thronfolgers im geeigneten Alter seine erst sechsjährige Tochter zur neuen Herrscherin. Sie war jedoch vermutlich nicht viel mehr als eine Marionette der verschiedenen Adelsfamilien der Stadt und verlor 537 die Herrschaft an ihren bis dahin im Exil lebenden Bruder Chan K'awiil. Diese dynastischen Probleme schwächten Tikal zwar, doch war die Stadt immer noch die führende Macht in der Region.

Dies änderte sich mit dem Beginn des Konflikts mit dem Erzfeind Calakmul. Zwistigkeiten über den Status von Caracol, eines Vasallen Tikals, mündeten nach einiger Zeit in offenen Krieg. 562 wurde Tikal in einer Schlacht nahe der Stadt vernichtend von Calakmul geschlagen und musste die Inthronisierung eines von Calakmul bestimmten Herrschers dulden, was eine über einhundert Jahre währende Schwächeperiode zur Folge hatte, während der kaum neue Gebäude errichtet wurden. Dieses als Hiatus bezeichnete Phänomen resultierte vermutlich auch aus dem Untergang des Bündnispartners Teotihuacán. Im Laufe der Jahre spaltete sich die Aristokratie (oder aber die herrschende Dynastie) in eine Fraktion, die die Unabhängigkeit von Calakmul forderte und eine andere Fraktion auf, welche einen Verbleib im Vasallensystem Calakmuls befürwortete. Als die erste Fraktion Mitte des siebten Jahrhunderts die Oberhand gewann und mit Nuun Ujol Chaak einen König stellen konnte, wanderten die Calakmul freundlich gesinnten Adeligen nach Dos Pilas aus, von wo aus sie weiter den Thron von Tikal beanspruchten. Im folgenden, erbittert geführten Krieg gelang Calakmul noch einmal die Sicherung der Vorherrschaft über Tikal, das in den Jahren darauf gezielt diplomatisch isoliert wurde. 695 gelang es dem neuen König von Tikal, Jasaw Chan K'awiil, Calakmul eine schwere Niederlage zuzufügen, die feindliche Stadt zu besetzen und erneut eine Hegemonie über das Maya-Gebiet aufzubauen. Damit begann die zweite expansive Phase in Tikals Geschichte. Unter Jasaws Nachfolger Yik'in Chan K'awiil besiegte Tikal auch alle bedeutenden Verbündeten Calakmuls und setzte dort Vasallenkönige ein. Die Zeit des späten 7. und das gesamte 8. Jahrhundert waren somit eine Zeit großen Wohlstands, beschleunigten Wachstums und extensiver Bautätigkeit, während der zahlreiche Paläste und Tempel erweitert wurden. Auch der enorm große Tempel IV stammt aus dieser Zeit.

Anfang des 9. Jahrhunderts begann der plötzliche Niedergang der Stadt. Das Verschwinden datierter Stelen scheint mit einem Machtverlust der Eliten und einer weitgehenden Abwanderung (oder gar einem Massensterben) der Bevölkerung in Verbindung zu stehen. Die letzte Datierung einer Stele Tikals stammt aus dem Jahr 879, womit Tikal eine der am längsten überlebenden klassischen Maya-Städte war.

Tikal Impressionen

Anhang

Klima/Reisezeit/Wettertabelle

Belize ist mit seinem subtropischen Klima und Tagestemperaturen zwischen 28° und 35° Celsius das ganze Jahr zu bereisen.

	Maximaltemperatur	Minimaltemperatur	Wassertemperatur	Sonnenstunden am Tag	Regentage im Monat
Jan	28	20	27	5	6
Feb	28	21	27	7	2
März	30	20	28	9	1
Apr.	31	24	29	9	2
Mai	32	24	31	9	3
Juni	31	25	30	7	14
Juli	32	24	30	7	14
Aug.	32	25	30	7	13
Sep.	23	24	30	7	14
Okt.	31	22	29	7	12
Nov.	29	21	27	8	9
Dez.	28	21	26	7	7

Taucher/Schnorchler/Fischer/Segler etc. sollten Belize allerdings außerhalb der Regenzeit (Hurrikan-Saison) von Juni bis Oktober besuchen, da es in diesem Zeitraum durchaus zu Winden kommen kann, die Wassersport unmöglich machen.

Es lohnt sich trotzdem, vor Abreise die einschlägigen Wetterseiten im Internet zu konsultieren. In den letzten Jahren hat es auch in Belize Abweichungen vom schönen Standard der obigen Tabelle gegeben.

Einreisebestimmungen

Für die Einreise deutscher und österreichischer Staatsbürger ist ein VISUM erforderlich, welches bei der Einreise ausgestellt und in den Reisepass gestempelt wird Die Aufenthaltserlaubnis gilt für 30 Tage. Man kann das Visum nach Ablauf allerdings beliebig verlängern.

Achtung: Schweizer Staatsbürger benötigen ein VISUM im Vorfeld. Die dafür zuständige High Commission von Belize ist in London.

Zoll

Vor der Einreise ist eine Zollerklärung auszufüllen. Zu verzollen sind Geldbeträge von mehr als 10.000 US$, mehr als 20 Schachteln Zigaretten, mehr als 1 Liter Schnaps und Geschenke (Definition: Gegenstände, die nicht zum persönlichen Gebrauch mitgeführt werden und im Lande verbleiben.) Die Mengenangaben gelten für 1 Person.

Impfungen

Für Belize sind keinerlei Impfungen für die Einreise erforderlich. Wer einen längeren Aufenthalt in der Region plant, sollte allerdings wissen, dass hin und wieder Malaria und Denguefieber auftreten.

Währung

Die Währung in Belize ist der Belizedollar (BZD). Der BZD ist 2:1 fest an den US-Dollar (US$) gekoppelt. Man kann in Belize in diesem Verhältnis überall mit US$ bezahlen.

Der BZD ist nicht auf dem internationalen Markt konvertierbar!

Kreditkarten

In den touristisch erschlossenen Gegenden in Belize werden Kreditkarten in der Regel akzeptiert. Am meisten verbreitet ist dabei VISA, gefolgt von MasterCard. AMEX wird aufgrund der hohen Gebühren nur gelegentlich genommen.

Bei Bezahlung in den Hotels werden oftmals die Kreditkartengebühren dem Gast berechnet.

In den größeren Ortschaften gibt es Geldautomaten. Die Entnahme ist je nach Bank pro Zug auf 500 bis 800 BZD beschränkt, man kann den Vorgang aber mehrmals wiederholen.

Telefon

Die Landesvorwahl für Belize ist 00501, die Vorwahl für Deutschland von Belize aus ist 0049.

Mitgebrachte Mobiltelefone arbeiten nur, wenn es minimal Dreiband-Handys sind und entweder ein Vertrag mit O2, T-mobile oder Orange vorliegt.

Elektrizität

Die Steckdosen in Belize liefern 110 Volt Wechselstrom. Wer mit europäischem Stecker anreist, benötigt einen Adapter, den gleichen, der in den USA üblich ist.

Fluggesellschaften im Inland

Maya Island Air; Tel.:+501-226-3838; www.mayaislandair.com
Tropic Air; Tel.: +501-226-2012; www.tropicair.com
Astrum; Tel.:+501-222-9462; www.astrumhelicopters.com

Fahrpläne

In Belize ändern sich die Fahr- und Flugpläne leider regelmäßig. Dies trifft nicht nur auf die Verkehrszeiten zu, sondern vor allem auf die Ab- und Anflugsorte der Fluggesellschaften im Inland. Eine relativ aktuelle Übersicht mit Verweisen zu Buszeiten und Fluglinien findet man unter: http://belizebus.wordpress.com/

Autoverleih

Barefoot Rentals; Placencia;
www.barfootrentals.net; Tel.: 00501-6103214

Crystal Auto Rental; Flughafen und Belize City;
www.crystal-belize.com; Tel.: 00501-2231600

Vista Auto Rental; Flughafen Belize City;
www.vistarentalbelize.com; Tel.: 00501-2252292

Jabiru Auto Rental;; Flughafen;
http://www.jabiruautorental.bz Tel.: 00501-610-2454

Notrufnummern

Polizei: 911, Feuer: 90

Ausreise

Die Ausreise ist außer über den internationalen Flughafen in Ladyville an folgenden Punkten offiziell möglich:

- Punta Gorda mit dem Boot nach Guatemala und Honduras
- Westgrenze Benque Viejo del Carmen: Übergang nach Guatemala
- San Pedro: mit dem Boot nach Chetumal
- Corozal: Übergang nach Mexiko

Bei der Ausreise auf dem Land- und Wasserweg werden 40 BZD fällig. Am Flughafen wird es heftiger, dort kostet es 39,50 US$.

Eindrücke

Register

Der Autor ...

... wurde 1959 in Karl-Marx-Stadt (heute Chemnitz) geboren. Als Jugendlicher veröffentlicht er erste Essays und Gedichte, entscheidet sich aber dann für einen beruflichen Werdegang in naturwissenschaftlicher Richtung. Nach Studien der Mathematik, Physik und Abschluss als Diplom-Informatiker an der TU Dresden arbeitete er einige Jahre als Softwareentwickler in Sachsen und Baden-Württemberg, bevor er sich 1990 mit einer eigenen Computerfirma selbstständig macht.

2004 verwirklicht er den Jahre zuvor gefassten Entschluss, nach Belize auszuwandern.

Hier arbeitet er seitdem erfolgreich als Reiseveranstalter (www.wolfs-tours.de). Mit der Lodge „Wolfs Place“ (heute Ninas Place) und dem Restaurant „McWolfs“ wurde er international bekannt, erreichte u.a. Auszeichnungen von booking.com und TripAdvisor als Nummer 2 im Westen von Belize.

Heute betreibt er mit „The Green Valley Inn“ in Unitedville eine kleine Lodge fuer individuell Reisende (www.belize24.de)
... und er hat zurück zu seinem Hobby aus der Jugend, dem Schreiben, gefunden.

Danken ...

... möchte ich an dieser Stelle vor allem Susanne Jung, die sich dem Probelesen und dem Korrigieren mit Bravour gestellt hat; sowie bei all den ehemaligen Gästen, die mir Ihre Informationen, Meinungen und Fotos zur Verfügung gestellt und damit – so hoffe ich – die Seiten, die für die Stadtpläne vorgesehen waren, professionell, interessant und farbenfroh gefüllt haben: Achim Matthlage, Stephan Horvath, Wolfgang Thanner, Rico Hansmann, Uwe Fuchs und Frank Bungartz.

Sollte ich, wie auch immer, den einen oder anderen Starfotografen nicht erwähnt haben – Beschwerden und Regressforderungen nehme ich unter p.wolf@belize24.de entgegen.

Notizen:

Impressum

ISBN-13: 9783837071924

URL: www.belize24.de, e-mail: p.wolf@belize24.de

Herstellung und Verlag: Books on Demand GmbH, Norderstedt.

Bibliografische Information der Deutschen Nationalbibliothek: Die Deutsche Nationalbibliothek verzeichnet diese Publikation in der Deutschen Nationalbibliografie; detaillierte bibliografische Daten sind im Internet über http://dnb.d-nb.de abrufbar.

Spannende Geschichten über Belize findet ihr hier:

Bestellung über www.amazon.de

Übersichtskarte Belize: